Sautter · Fußballheimat Württemberg

AF130666

Für die vielen Fußballtalente des Landes.
Auch die unentdeckten.

Bernd Sautter

Fußballheimat Württemberg

100 Orte der Erinnerung

Arete Verlag Hildesheim

Der Autor

Bernd Sautter wurde geboren, als das Wembley-Tor fiel. Seine Mutter berichtet, dass er im Alter von vier Jahren die Aufstellung von Uruguay auswendig aufsagen konnte. Mit *Fußballheimat Württemberg* legt der Fußballautor (*Heimspiele Baden-Württemberg*) und Blogger (*www.propheten-der-liga.de*) sein zweites Buch vor.
Im Hauptberuf schreibt Sautter Werbetexte und Marketingkonzepte.

Bibliografische Information der Deutschen Nationalbibliothek

Die Deutsche Bibliothek verzeichnet diese Publikation in der Deutschen Nationalbibliografie; detaillierte bibliografische Daten sind im Internet über http://dnb.ddb.de abrufbar.

© 2019 Arete Verlag Christian Becker, Hildesheim
www.arete-verlag.de

Layout, Satz und Umschlaggestaltung: Composizione Katrin Rampp, Kempten
Fotografien: Nr. 34: Wolfgang Schlumberger/SpVgg Grömbach; Nr. 43: TKC Hirschlanden; Nr. 58: Rolf Werner Schultes; Nr. 77: Andreas Feldmeyer; Nr. 99: Sascha Riethbaum; alle anderen Fotos: Bernd Sautter
Titelfoto: Etzwiesenstadion in Backnang
Grafiken: Matthias Hunger
Druck und Verarbeitung: Westermann Druck Zwickau GmbH
ISBN: 978-3-96423-013-3

Inhaltsverzeichnis

Vorwort

An diesem Geständnis knabbere ich noch. Mit diesem, meinem zweiten Buch ist es offensichtlich: Aus mir ist ein Heimatautor geworden. Absicht war das nicht. Schließlich haftet der Heimat etwas Provinzielles an. Lassen Sie sich die Begriffe ruhig auf der Zunge zergehen. Heimattheater, Heimatroman, Heimatmuseum. Staubt's bei Ihnen auch? Das damit verbundene Vorurteil lautet: Für die große Bühne hat's nicht gereicht.

Und genau aus diesem Grunde reise ich mit riesengroßer Freude durch meine Fußballheimat Württemberg. Weil die genannten Klischees von Heimat einfach nicht zutreffen. Hier ist nichts verstaubt, war es noch nie, zu keiner Zeit des Fußballschaffens hier im Land. Tatsächlich bringen wir Schwaben die Sportart ständig voran. Wir sind Motor, um im Klischee zu bleiben. Dabei geht es uns nicht nur darum, die sportlichen Erfolge zu zählen. Die passieren sowieso viel zu selten, wenn man den Bruddlern im Land folgt. Die Reise durchs Ländle ist vor allem deshalb hochinteressant, weil man Überraschendes entdeckt: unter anderem bahnbrechende Erfindungen, revolutionäre Spielsysteme, einen gefestigten Zusammenhalt der Vereine und die nackte Liebe zum schönen Spiel.

Auch im Schwäbischen weist alles am Fußball über ihn hinaus – oder zumindest über das 1:0, das gerade einer erzielt, als ich meine Stadionwurst geholt hatte. Wurst ist ja wichtig, wie überhaupt das Drumherum die schöneren Erzählungen liefert. In Württemberg findet man sie vor allem auf den Dörfern. Wobei man hinzufügen muss, dass auch Stuttgart zu diesen Dörfern gehört. Das behaupten jedenfalls manche, die die Stadt gut kennen.

Besonders spannend am württembergischen Fußball ist übrigens, dass er niemals diese lästigen Seriensieger hervorgebracht hat. Dem Autor Holger Gertz würde das gefallen. Er stellt fest: „Der Verlierer ist spannender als der Sieger, er muss darüber nachdenken, was die Niederlage mit ihm macht. Und er ist uns näher, wir erkennen uns leichter in ihm." Zweifellos taugt auch dieses Buch als Beweis. Denn das Leben dauert eben länger als neunzig Minuten. Überraschende Wendungen können in beide Richtungen passieren. Auch strahlende Sieger können scheitern. Andersrum sind die Siege umso schöner, wenn man sie im Anschluss an Niederlagen feiern darf. Von all dem können die Fußballschaffenden im Lande tausendundeine Geschichte erzählen. Hundert davon finden Sie in diesem Band. Ich finde: Jede einzelne Geschichte hat die große, bundesweite Bühne verdient. Finden Sie nicht auch? Ihr Heimatautor wünscht Ihnen viel Vergnügen.

Aalen

SSV-Vereinsheim
Das schönste Vereinsheim

Starten wir am Tresen. Also an dem Ort, den die Geschichtsschreibung des Fußballs gerne übersieht. Gewiss: Vereinsheime und Fankneipen sind keine Originalschauplätze der Handlung. Hier werden die Tore nicht geschossen, aber in den Himmel gelobt. Im Angesicht des Zapfhahns werden Siege gefeiert und Niederlagen verdaut. Dort, im Mittelpunkt jedes Vereinslebens, entwickelt sich der Sport zu etwas viel, viel Größerem.

Aus diesem Blickwinkel ist jedes Vereinsheim das schönste. Kommt darauf an, bei wem man sich erkundigt. Die Empfehlung für das Vereinsheim des SSV Aalen stammt von Claus Breitenberger, der als profundester Kenner des württembergischen Amateurfußballs gilt. Breitenberger, den alle Bredi nennen, hat weit mehr als 3.000 Spiele auf dem Buckel, rund 130 pro Jahr. Profifußball lässt ihn kalt.

Bredi tourt über die Dorfplätze, vorzugsweise auf der Ostalb, wo er bekannt ist wie ein bunter Hund. „Ich bin halt mit dem Fußball verheiratet", sagt der ledige Finanzbeamte. Bredi sammelt keine Plätze wie ein Groundhopper. Er fährt übers Land, mit Vorliebe mit dem Mannschaftsbus oder dem Zug, und besucht seine Freunde. Als er gefragt wurde, wo man ihn trifft, wenn er nicht neben dem Fußballplatz steht, sagt er trocken: „Im Vereinsheim." Wer wissen will, wo er am Wochenende aufkreuzt, sollte seine Zeitungskolumne lesen, mit der man *Durch Bredis Brille* auf den lokalen Fußball blickt.

Für die Vereinsheim-Empfehlung hat Bredi gute Argumente, unter anderem ein leckeres Bier einer lokalen Brauerei, eine zünftige Atmosphäre, ein gutes Essen und einen feinen Biergarten im Sommer. Auch der Verein hat Tradition: 1901 gegründet. Die Wirtsfamilie Hannig kocht frisch und abwechslungsreich. Der Spaziergang von der Innenstadt aus lohnt allemal. Wer Bredis Empfehlung auf Bier und Braten überprüfen möchte, kann das nicht nur bei den Heimspielen des SSV tun. Auch wenn der VfR in der Ostalb-Arena spielt, treffen sich die Fans im schönsten Vereinsheim Württembergs. Sagt Bredi.

HARTE 4 FAKTEN

Gründung SSV Aalen: 1901

Adresse: Stadionweg 4, 73430 Aalen

Entfernung zur Ostalb Arena: 250 Meter

Spezialität: Wasseralfinger Bier

Aalen

Ostalb Arena
Die Namen der Geschichte

Bewegte Geschichten spiegeln sich oft im Namen des Stadions. Auch in Aalen. Als man es Städtisches Waldstadion nennt, erlebt der VfR sein erstes starkes Jahrzehnt. Mitte der siebziger Jahre sind die Schwarz-Weißen in der Amateuroberliga auf bestem Weg in den Profifußball. Aber was kann der VfR dafür, dass ausgerechnet in der Meistersaison niemand aufsteigen darf? Eine Klasse darüber wird die 2. Liga eingeführt. Für Aufsteiger ist dort kein Platz mehr übrig. Ein Jahr später ist das Aalener Momentum vorüber. Helmut Dieterle, Erwin Hadewicz und Dieter Hoeneß scheitern in den Entscheidungsspielen.

Erst als Schrottunternehmer Berndt-Ulrich Scholz als Mäzen einsteigt, bemerkt Fußballdeutschland, dass es neben Ahlen in Westfalen noch ein Aalen auf der Ostalb gibt. Unter Trainer Edgar Schmitt steigt der VfR 2008 in die neue 3. Liga auf. Unter Rainer Scharinger gelingt 2010 der Wiederaufstieg. Schließlich führt Ralph Hasenhüttl die Jungs von der Ostalb in die 2. Liga. Endlich ist der VfR dort, wo er immer hin wollte. Drei erfolgreiche Jahre verbringt er in der 2. Liga. Allerdings ist der folgende Abstieg besonders demütigend. Ausgerechnet eine Heimniederlage im Derby gegen den 1. FC Heidenheim besiegelt den Gang in die 3. Liga. Doch es kommt noch schlimmer.

Kurze Zeit später schlittern die Unternehmen von Berndt-Ulrich Scholz in die Insolvenz. Der Schrottkönig tritt als Präsident zurück. Das Grundproblem des präsidialen Mäzenatentums erwischt den VfR mit voller Wucht. Ist der große Mäzen pleite, reißt er den Verein mit. In der Folge ist auch der VfR am Ende. Der Schuldenstand zu Jahresbeginn 2017 beträgt stattliche 3,6 Mio. Euro. Doch in der Stunde der Not hält der Verein zusammen. Auch die Mannschaft hilft. Trotz Punktabzugs durch die DFL hält der VfR die 3. Liga. Die bittere Pointe: Eine Saison später sind die Finanzen einigermaßen geordnet, aber nicht die Mannschaft. Als Letzter steigt Aalen in die Regionalliga ab.

HARTE 4 FAKTEN

VfR-Stadion am Rohrwang: 1949–1988

Städtisches Waldstadion Aalen: 1988–2003

Scholz Arena: 2003–2017

Ostalb Arena: ab 2017

Aalen

Stuttgarter Straße
Am Unfallort

Wer auf der alten Hauptstraße aus Richtung Stuttgart in die Stadt brettert, sollte besser den Fuß vom Gas nehmen. Erstens aufgrund der Radarfalle, zweitens zu Ehren des größten Spielers, den der VfB Stuttgart je hatte. Im Sommer 1948 brettert Robert Schlienz diese Straße runter, weil er aus familiären Gründen nicht mit der Mannschaft zum Freundschaftsspiel reisen konnte. Vermutlich läuft sich die Mannschaft bereits warm. Schlienz ist spät dran. Heiß ist es obendrein. Der junge Stuttgarter hat die Fensterscheibe unten. Sein linker Arm hängt aus dem Fenster. Plötzlich bringt ein Schlagloch seinen klapprigen Lieferwagen aus dem Gleichgewicht. Der Unterarm gerät unter den Wagen. Zwei Stunden später entscheiden sich die Ärzte zur Amputation.

Karriereende? Nicht bei einem Robert Schlienz. Vier Monate später steht er wieder in der Mannschaft. Seine Mannschaftskollegen raunzt er im Training an, sie sollen bloß nicht auf die Idee kommen, ihn wegen seines Handicaps zu schonen. Im Vergleich zu vorher hat sich nur eines verändert. Trainer Wurzer zieht ihn vom Sturm ins offensive Mittelfeld zurück. Auf dieser Position führt Schlienz den VfB Stuttgart zu zwei Deutschen Meisterschaften und zwei Pokalsiegen.

Reporterlegende Hans Blickensdörfer schwärmt: „Robert Schlienz ist die allerhöchste Stufe von dem gewesen, was die Engländer einen Goalgetter oder Matchwinner und die Franzosen einen Gagneur nennen." Nach einem Freundschaftsspiel staunt Alfredo di Stefano: „Der beste Mann auf dem Platz war der Einarmige. Was ich von dem gesehen habe, war für mich unvorstellbar." Mannschaftskamerad Lothar Weise verrät: „Auf dem Platz war Schlienz ein Drecksack. Wenn Du beim Schlienz nicht gerannt bist, dann ist er über den Platz gerannt und hat dich in den Hintern getreten."

Harter Hund, Spielmacher, Goalgetter – wenn es einen legendären Spieler in der VfB-Geschichte gibt, ist es Robert Schlienz. Wer von Westen nach Aalen reinfährt, sollte an ihn denken. Ach … und auch an die Radarfalle.

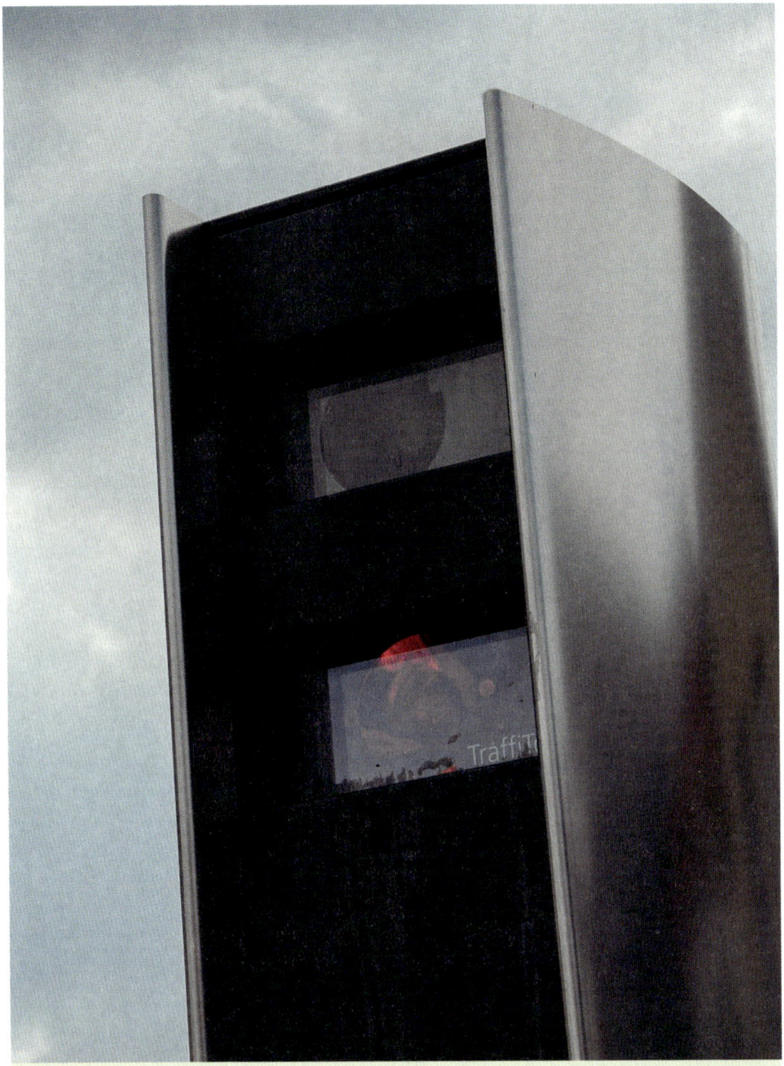

Deutscher Meister 1950: VfB Stuttgart – Kickers Offenbach 2:1

Deutscher Meister 1952: VfB Stuttgart – 1. FC Saarbrücken 3:2

DFB-Pokalsieger 1954: VfB Stuttgart – 1. FC Köln 1:0 n.V.

DFB-Pokalsieger 1958: VfB Stuttgart – Fort. Düsseldorf 4:3 n.V.

Bolzplatz am Lemberg
Kicken für den Kirchturm

Am 30. Oktober 1970 fassen die feinen Herren des DFB einen revolutionären Beschluss: Sie erlauben den Frauen zu kicken. Freilich konnten sie es schon zuvor nicht vollständig verbieten. Aber der DFB hatte einen wirksamen Hebel gefunden. Er drohte Vereinen mit einem kompletten Verbandsausschluss, wenn sie eine Frauenmannschaft stellten oder auf ihren Plätzen Spiele von Frauen duldeten.

Die Gymnastikgruppe des TSV Affalterbach schert sich nicht um irgendwelche Verbote. Die Gemeinde hat im Jahr 1968 ein wichtigeres Problem: die Renovierung der Kirche. Weil man auf dem Dorf zusammensteht, wenn es ums Gotteshaus geht, beschließen die TSV-Turnerinnen zu helfen. „Zum Sackhüpfen wäre niemand gekommen", erzählt Waltraut Kipf. „Aber Fußball – da haben wir schon gehofft, dass uns ein paar Leute zuschauen." Das war der Vorteil der Rückständigkeit des DFB: Fußballspiele von Frauen sind ein außerordentliches Ereignis.

Damals ist am Lemberg, wo sich heute nur ein Bolzplatz befindet, noch ein Spielfeld mit ordentlichen Ausmaßen angelegt. Rund 2.000 Zuschauer drängen sich dicht an dicht in mehreren Reihen. Die Gattin des Pfarrers läuft mit der Spendenbüchse ums Feld. Der Pfarrer selbst leitet das Spiel.

Zuvor wird noch gemeckert: „Wia kennat ihr sowas anfanga? Ihr blamiert Euch doch." Jetzt staunen die Leute über einen 2:0-Sieg der Gymnastikgruppe Affalterbach gegen die Gymnastikgruppe Weiler zum Stein. Die beste Spielerin Waltraut Kipf steht im Tor, weil sich keine andere traut. Sie erinnert sich: „Eigentlich sind alle nur dem Ball hinterher gesprungen." Aber taktische Finessen interessieren nicht. Schließlich ist es eine Riesengaudi. Stolze 1.000 DM scheppern in der Kasse. Das Rückspiel in Weiler zum Stein endet 0:0. Im Nachbarort wird das Geld für den Kindergarten verwendet. Danach konzentrieren sich die Frauen wieder voll und ganz auf die Gymnastik. Waltraut Kipf freut sich noch heute: „Und grad bei uns in Affalterbach, wo damals die Männermannschaft dauernd verloren hat."

HARTE 4 FAKTEN

Hinspiel: Affalterbach – Weiler zum Stein 2:0

Einnahmen zugunsten der Kirchenrenovierung: 1.000 DM

Rückspiel: Weiler zum Stein – Affalterbach 0:0

Einnahmen zugunsten des Kindergartens: unbekannt

Alberweiler

Sportplatz
Dorfclub wird Deutscher Meister

„Dafür gibt es keine Erklärung", sagt Martin Kaiser, Vorstand des SV Alberweiler. „Es war nicht geplant, es kam aus heiterem Himmel." Wenn er keine Erklärung hat, wer dann? Fest steht, dass Württembergs Frauenfußball an chronischer Ausbaufähigkeit leidet. Andernorts kann man was werden. In Württemberg eher nicht. Keine Mannschaft spielt in der Bundesliga, längst nicht mehr. Talentierte Mädchen wechseln in die Internate der Großen, zum SC Freiburg oder zu Bayern München – und das schon in jungen Jahren. Ausnahme: Der SV Alberweiler.

Die grün-weißen B-Juniorinnen wurden 2017 Deutscher Futsal-Meister nach einem 3:0 gegen den 1. FC Köln. 800 Einwohner – aber eine Meistermannschaft im Fußball. Wenn es unerklärlich ist, muss es ein Wunder sein. Einige Gründe lassen sich durchaus finden: Die Trainer legen großen Wert auf Futsal. Alberweiler hat erkannt, dass Schnelligkeit und Ballbehandlung enorm vom Kicken in der Halle profitieren. Die Erfolge sprechen für sich – auch auf dem großen Feld. 2012 stieg der Dorfclub in die B-Juniorinnen-Bundesliga auf. Inzwischen wissen alle, wo Alberweiler liegt. In der Saison 2017/18 reicht es sogar zu einem 3. Platz in der Bundesliga der B-Juniorinnen, Gruppe Süd.

Wenn die Mädchen spielen, kommen im Schnitt 300 Zuschauer. Das ist Zuschauerrekord in allen drei Bundesligen. In der Region gibt es kaum Herrenmannschaften, die so viele Zuschauer haben. Vorstand Kaiser bestätigt, dass der Erfolg mit dem Enthusiasmus im Verein zu tun hat: „Alles selbst gemacht. Es hat sich herumgesprochen, dass unsere Trainer hervorragende Arbeit leisten. Damit überzeugen wir die Talente in der Region." Sogar die Grenzen des Wachstums sind besprochen. „Wir blieben authentisch", betont der Präsident, „Ganz egal, wo die Reise hingeht: Wir können keine Spielerinnen bezahlen." Doch auch ohne die großen Summen erreichen die Mädels historische Erfolge. Die Mannschaft aus dem 800-Einwohner-Dörfchen hat inzwischen ihre eigene Vitrine im großen Deutschen Fußballmuseum in Dortmund.

HARTE 4 FAKTEN

2011/12: Aufstieg in die B-Juniorinnen Bundesliga

2016/17: Deutscher Futsal-Meister der B-Juniorinnen

2017/18: 3. Platz in der B-Juniorinnen Bundesliga Süd

wfv–Pokalsieger der B-Juniorinnen: 2014/2015, 2015/2016, 2016/2017, 2017/2018

Ebingen, Albstadion
Überlebensstrategie

Der FC Tailfingen 1910 hat sich zwar die Führung der ewigen Tabelle der legendären Schwarzwald-Bodensee-Liga gesichert. Mehr Meisterschaften sammelte jedoch ein Anderer: ausgerechnet Erzrivale FV Ebingen 07. Die sechziger Jahre gelten als große Ära der Ebinger. Die späteren Profitrainer Bernd Hoss und Rudi Faßnacht führen die Rothosen zweimal in die Aufstiegsrunde zur Regionalliga, der damals zweithöchsten Spielklasse. Doch obwohl die Mannschaft von der Zollernalb favorisiert ist, scheitert sie zweimal.

1964 vergeigt Ebingen den großen Triumph bereits im ersten Spiel beim Außenseiter FC Emmendingen 03, der später sensationell aufsteigt. Für Ebingen wird eine solche Chance niemals wieder kommen. In der Vitrine steht nur ein wfv-Pokal aus dem Jahr 1985.

Längst spielen die Rothosen in Blau. Mit der Vereinsverschmelzung vollzieht der Fußball den Schritt, den die Stadt bereits 1975 getan hatte. Damals wurde aus Ebingen und Tailfingen Albstadt. 1998 fusionieren der FV 07 Ebingen und FC Tailfingen 1910. Aus Grün und Rot wird Blau. Für die Zukunft des Albstädter Fußballs ist der neue FC 07 Albstadt ein notwendiger Schritt.

Jürgen Estler, der 35 Jahre in unterschiedlichen Positionen im Albstädter Fußball engagiert war, verteidigt die Fusion: „Tailfingen hatte kein Geld. Ebingen keine Leute mehr, die sich engagierten. Natürlich ist die Verschmelzung nicht vergnügungssteuerpflichtig. Aber ich bin mir sicher, dass über kurz oder lang beide Vereine von der Landkarte verschwunden wären."

Als sich die Gründung des FV Ebingen 07 zum hundertsten Mal jährt, verzeichnet der FC Albstadt 07 den Rekordbesuch im Albstadion. 10.000 Zuschauer sehen eine freundschaftliche 0:13-Niederlage gegen den FC Bayern. Beinahe zeitgleich droht der Verein in der Bezirksliga zu verschwinden. Doch die Nullsiebener retten sich in der Relegation. Erst Jahre später spielt Albstadt wieder dort, wo man nach eigener Ansicht mindestens hingehört: in der Verbandsliga Württemberg. Wenn nicht noch höher …

HARTE 4 FAKTEN

Gründung FC Ebingen 07: 1907

Einweihung Albstadion: 1968

Gründung FC Albstadt 07: 1998

Mitglieder FC Albstadt 07: ca. 450

Tailfingen, Lichtenbol
Die Hochburg

Auch die andere Seite Albstadts erinnert sich gerne an die Schwarzwald-Bodensee-Liga. Zwischen 1960 und 1978 fasste sie als dritthöchste Spielklasse ein Gebiet zusammen, von dem manche heute noch meinen, es gehöre irgendwie zusammen. Die ewige Tabelle der legendären Schwarzwald-Bodensee-Liga weist den FC Tailfingen 1910 als Ersten aus – dicht gefolgt vom Lokalrivalen FC Ebingen 07 als Zweitem. Die Textilindustrie floriert auf der Zollernalb. Zahlreiche Gönner unterstützen die Vereine. Von der Rivalität profitieren beide – Ebingen und Tailfingen.

Tatsächlich ist die Zollernalb seit jeher eine fußballerische Hochburg – und zwar im wörtlichen Sinne. Die Gäste müssen sich warm anziehen. Es weht ein garstiger Wind oben auf der Albhöhe, wo der FC Tailfingen 1910 seine Heimat hat. Dort liegt der historische Sportplatz Langenwand. Als er in den frühen achtziger Jahren einem Wohngebiet weichen muss, zieht der FC einige Meter weiter zum heutigen Lichtenbol.

Weil die Lokalrivalen über Jahrzehnte hinweg in derselben Klasse spielen, werden die Derbys zum besonderen Klassiker des württembergischen Fußballs. Grünweiße Tailfinger gegen Ebinger Rothosen – das zieht! 3.000 Zuschauer sind keine Seltenheit. Bei Derbys ist das Stadion stets prall gefüllt. Leider liegt später das Albstadt-Derby lange auf Eis, spätestens als der FV Ebingen Ende der Siebziger die Oberliga Baden-Württemberg verpasst. Schließlich fusionieren im Jahr 1998 die einstigen Lokalrivalen – wobei auch die unvermeidlichen Fusionsgegner zugeben müssen: Die großen Zeiten sind längst vorbei. Hüben wie drüben.

So schmerzhaft die Fusion für viele Tailfinger und Ebinger auch ist, folgerichtig ist sie in jedem Fall. Das bestätigt auch Jürgen Estler, langjähriger Vorstand des FC Tailfingen 1910 und späterer Stadionsprecher des FC Albstadt 07: „Zur reinen finanziellen Notwendigkeit kam hinzu, dass der FC Tailfingen die großen Pokal- und Freundschaftsspiele schon immer im Ebinger Stadion ausgetragen hatte."

HARTE
4
FAKTEN

Höhenmeter über Normalnull: 876

Gründung FC Tailfingen: 1910

Größter Vereinserfolg: Württembergischer B-Jugend-Meister 1980

Spitzname der grünweißen Tailfinger: Spältler (nach dem spaltengen Tal)

Alfdorf

Schützenstraße

Mit dem VfB allein zu Haus

Jeder hat so seine Marotten. Manche ein paar mehr. Julius Weller hatte nur eine: den VfB Stuttgart. Wer in Alfdorf die Straße nach Norden nimmt, erkennt die Marotte des ehemaligen Bewohners bereits von fern. Auf der weißen Fassade hat Weller seine Fanhistorie verewigt. Heimspiele hat er sowieso nicht verpasst, seit 1966 gegen den Hamburger SV kein einziges. Die 50 Kilometer ins Stadion soll er meistens mit dem Fahrrad zurückgelegt haben. Auch bei Auswärtsspielen reiste er stets mit. Auf der Fassade seines Hauses führte er darüber Protokoll: Oberhausen, Wuppertal und Cottbus sind vorne aufgeführt. Das Hinterhaus ist dem Europacup gewidmet. Dort finden sich Reykjavik, Larnaca und Pamplona.

Weller arbeitete im Lager eines Versandhändlers – also nichts, was den Stadionbesuch am Wochenende gefährden konnte. Wenn er die Urlaube geschickt legte, konnte er überall dabei sein. Zwischen den Spieltagen beschäftigte sich Weller mit der Dokumentation. Der totale Fan lebte alleinstehend mit seiner Liebe, dem VfB Stuttgart. Auf der Fassade aktualisierte er penibel sein Fahrtenbuch.

Im Grafischen musste es nicht perfekt sein. Hauptsache die Zahlen und Ziffern waren korrekt. Mit Bleistift wurde vorgezeichnet, mit roter Farbe ausgemalt. Die Zimmer tapezierte er mit Zeitungsberichten. Was nicht an der Wand klebte, wurde in Ordnern abgeheftet. Wichtig waren Weller vor allem Mannschaftsaufstellungen, Zuschauerzahlen, Auswechslungen und Torschützen.

Auch im Stadion konnte man den treuen Julius gut erkennen. Über Jahrzehnte trug er dasselbe Trikot mit einem Brustring der Marke Eigenbau. „Besucher von 1723 Fussballspielen" stand vorne drauf. Am nächsten Spieltag hatte er die Stoffziffer 3 von Hand mit einer 4 ersetzt. Auf diese Weise besuchte Weller über 1800 Spiele. Das letzte im Jahr 2013. Wer ein Herz für den Fußball hat, hofft, dass die Erben die Fassade seines Hauses noch lange unverändert erhalten mögen.

HARTE 4 FAKTEN

Auswärtsfahrt nach Kiew: 27.11.73
Auswärtsfahrt nach Leeds: 30.9.92
Auswärtsfahrt nach Tatabanya: 1.10.86
Auswärtsfahrt nach Haifa: 20.7.96 (100. Stadion)

Altshausen

Waldstadion
Real Württemberg

Nehmen wir die *Fußballheimat Württemberg* einmal wörtlich, landen wir überraschenderweise in Altshausen, wo seine königliche Hoheit Herzog Carl von Württemberg residiert, mitten im Herzen von Oberschwaben. Als Chef des Hauses Württemberg verwaltet Herzog Carl die Schlösser, Wälder, Weinberge und andere Besitztümer derer von Württemberg. Seit Jahrzehnten wohnt die Familie im Schloss Altshausen. Von Zeit zu Zeit kommt es vor, dass der Herzog höchstpersönlich an der Bande steht – in der Bezirksklasse Donau wohlgemerkt.

Wenn es also ein *Real Württemberg*, einen königlichen Fußballklub gibt, ist es der SV Sportfreunde Altshausen von 1909, dessen Vereinsfarben nicht zufällig die Landesfarben Schwarz und Gelb sind.

Die adelige Unterstützung hat Tradition. Der vorzüglichen Vereinschronik zufolge stellte Carls Großvater Herzog Albrecht von Württemberg 1937 das Waldstück zur Verfügung, auf dem sich der Sportplatz befindet. Ansonsten sind die Sportfreunde ein Fußballverein, wie er im Buche steht. Faxen machen, Feste feiern, Fußball spielen – letzteres eben meistens in der Bezirksklasse Donau. Im Schatten des Schlosses wird gekickt und gebechert wie in jedem anderen Verein in Württemberg. Nur bei Jubiläen und großen Turnieren bemerkt man den kleinen Unterschied, am Schirmherr nämlich: Herzog Carl von Württemberg übernimmt diesen Posten gerne. Darüber freut sich auch der SVA, schließlich fließt ein entsprechendes Sponsoring in die Vereinskasse.

Zweifellos ist die württembergische Familie auch daran beteiligt, dass der VfB Stuttgart im Jahr 1985 zu einem Freundschaftskick im Waldstadion antritt. In diesen Jahren spielt der junge Eberhard von Württemberg in der ersten Mannschaft von Altshausen einen grundsoliden Vorstopper. Auf dem Platz herrscht der übliche Umgangston: „Gang weg, Du Saubauer", herrscht VfB-Stürmer Klinsmann seinen Gegenspieler an. Erst beim späteren Empfang im Schloss stellt er fest, dass die Anrede womöglich etwas deplatziert war.

HARTE 4 FAKTEN

Größe des von Herzog Albrecht geschenkten Waldstücks: 1,65 ha

Arbeitstrupp zum Entfernen der Baumstumpen: 20 Mann

Werkzeuge: Äxte, Winden, Sägen, Ketten und Pulver

SV Altshausen 1909 — VfB Stuttgart im Jahr 1985: 0:14

Backnang

Etzwiesenstadion
Höhenflug unterm Viadukt

Feine Frage beim Fußball-Quiz: Verein mit Viadukt im Wappen? Klare Antwort: die TSG Backnang 1919 Fußball. Das Etzwiesenstadion liegt wunderbar unterhalb des imposanten Murr-Viaduktes. Wenn Amateurfußball idyllisch sein kann, dann hier. Auch deshalb sind die Etzwiesen unter Groundhoppern beliebt. Das Murrtal ist kaum breiter als das Spielfeld. Hinter der Haupttribüne fließt die Murr, dahinter beginnt der bewaldete Hang. Bei Sonnenschein ist der Blick vom Viadukt fast kitschig schön. Seit 1925 wird in den Etzwiesen Fußball gespielt. Der Viadukt wurde erst später gebaut, genau 1938.

Fußballerisch gesehen erwischt die TSG am Ende der sechziger Jahre des letzten Jahrhunderts ihre beste Phase. Der Höhenflug beginnt im Jahr 1965 mit dem Aufstieg in die Amateuroberliga Nordwürttemberg. Zwei Spielzeiten später ist die TSG auch dort oben angekommen. Für den Meister, die zweite Mannschaft des VfB Stuttgart, ist der Weg in den Profifußball versperrt. Damit darf der Meisterschaftszweite in die Aufstiegsrunde. Dort bringt die TSG das Kunststück fertig, trotz einer 0:6-Blamage im ersten Spiel beim Offenburger FV aufzusteigen. Am Ende belegt die TSG in der Vierergruppe den zweiten Platz, punktgleich mit Offenburg. Und nochmal hat Backnang Dusel. Das Torverhältnis zählt nicht. Ein Entscheidungsspiel wird notwendig. Ein 1:0 reicht allemal. Plötzlich ist Backnang im bezahlten Fußball – eine Spielklasse unterhalb der Bundesliga.

Doch die erste Saison ist gleichzeitig die letzte. Zum Auftakt gibt's in den Etzwiesen ein 1:1 gegen den FSV Frankfurt. Das zweite Heimspiel gegen Opel Rüsselsheim wird sogar gewonnen. Doch die insgesamt vier Siege sind leider zu wenig.

Auf gewisse Art und Weise wirkt die Regionalliga-Spielzeit bis heute nach. Um das finanzielle Risiko des Profifußballs zu begrenzen, gliedert die TSG ihre Fußballabteilung in einen eigenen Verein aus. Seither tragen die TSG-Fußballer ihr Gründungsdatum 1919 im Namen. Im selben Atemzug nimmt man den markanten Viadukt ins Wappen.

64/65: Aufstieg in die 1. Amateuroberliga Nordwürtt.

66/67: Aufstieg in die Regionalliga Süd

67/68: Abstieg aus der Regionalliga Süd

75/76: Abstieg aus der 1. Amateuroberliga Nordwürtt.

Gaststätte Zur Uhr
In die Küche gepinkelt

Schräg unterhalb des Backnanger Stadtturms liegt in einem verträumten Winkel die Wein- und Pilsstube *Zur Uhr*. Keine Fußballkneipe, gewiss nicht. Trotzdem muss die Wirtin Despina Siasiakis im Januar 2017 die Bekanntschaft einer Horde Fußballfans machen – und zwar von der unanständigen Sorte.

Das Drittligaspiel der SG Sonnenhof gegen Hansa Rostock fällt dem Winter zum Opfer. Damit hatten die Hansa-Fans nicht gerechnet. Sie sind bereits so dicht, wie sich das für einen ordentlichen Spieltag gehört. Dank des letzten lichten Gedankens, den sie an diesem Nachmittag fassen, verzichten sie auf den Weg nach Großaspach. Rund fünfzig Hansafans entern kurz nach 12 Uhr mittags die gute Stube *Zur Uhr*. Die bereits 81-jährige Besitzerin wird überfahren.

Wenn betrunken und behämmert zusammen kommen ... „Sie waren nicht aggressiv", berichtet die Wirtin einem Fußballmagazin, „aber sie haben sich komplett daneben benommen." Sie zapfen ungeniert Bier und bedienen sich selbstständig an harten Getränken. Einer pinkelt in die Küche. Bezahlt wird nichts. Als die Polizei anrückt, sind die fünfzig Vollprolls verschwunden – mit 350 Euro aus dem Bediengeldbeutel.

Doch die Dinge nehmen ein versöhnliches Ende. Kaum steht die Geschichte in der Zeitung, schwappt eine Welle der Hilfsbereitschaft über den Backnanger Ölberg. Der Vorstand der SG Sonnenhof versichert, dass er sich persönlich kümmern werde. Auch der Hansa-Vorstand meldet sich. Er überweist 1.000 Euro aufs uhrige Konto. Natürlich wird auch beim nächsten Heimspiel der SG Sonnenhof gegen Paderborn gesammelt. Die Initiatoren erscheinen nach dem Spiel in der guten Stube – gemeinsam mit den Paderbornern übrigens. Das Motto lautet: Gut bestellen und noch besser bezahlen.

Die Wirtin kann die Unterstützung gebrauchen. Sie muss Handwerker bezahlen, die die Stube wieder in gastfreundlichen Zustand versetzen. Hinterher kommentierte sie: „Scheiße passiert überall. Auch unter Fußballfans gibt es gute und schlechte Menschen."

HARTE 4 FAKTEN

Wiedergutmachungsspende von Großaspacher Fans: 682 Euro

Wiedergutmachungsspende von Hansa Rostock: 1.000 Euro

Adresse: Backnang, Am Ölberg 16

Ruhetag: Mittwoch

Balingen

Au-Stadion
Die Spätstarter

Im Jahr 2008 steigt die TSG Balingen in die Oberliga Baden-Württemberg auf – zum ersten Mal nach 101 Jahren! Die TSG-Website stellt fest: bis dato der größte Erfolg der Vereinsgeschichte. Zuvor stand Balingen im Schatten der Nachbarn aus Ebingen und Tailfingen.

Der späte Aufstieg ist ein Lehrbeispiel zur allgemeinen Fußballgeschichte. Die Gesetzmäßigkeit lautet: Fußball folgt Wirtschaft. Die Zollernalb liefert den Beweis. Seit den siebziger Jahren stagniert Albstadt als Wirtschaftsstandort. Im Gegensatz dazu prosperiert Balingen, unter anderem der Maschinenbau. Verkehrsmäßig liegt Balingen sowieso günstiger. Der Fußball als Spiegelbild.

Um dauerhaft oben zu bleiben, fehlen jedoch die Voraussetzungen. Das Balinger Au-Stadion ist marode, die sanitären Anlagen entsprechend. Über die alte Holztribüne aus dem Jahr 1951 freuen sich nur noch Groundhopper. Allen anderen ist sie ein Gräuel.

2014 wird die neue aufgeständerte Tribüne eingeweiht. Viel Holz, auch sonst alles tiptop. Feine VIP-Räume inklusive. Die Zuschauerzahlen steigen. Der Aufstieg kann weiter gehen, zumal die hervorragende Jugendarbeit der TSG Früchte trägt. Seit langem spielen U17 und U19 auf höchster Baden-Württembergischer Ebene. Und inzwischen gilt: Wer als Talent hochklassig spielen will, muss den Verein nicht zwangsläufig wechseln.

2018 folgt der nächste Höhepunkt der Vereinsgeschichte. Die TSG Balingen steigt in die Regionalliga Südwest auf. Erstmals dürfen Mannschaften aus Hessen, Rheinland-Pfalz und Bayern im Au-Stadion antreten. Plötzlich gehört Balingen zu den Top 6 Württembergs. Die früheren Erzrivalen aus Albstadt sind längst außer Sichtweite, bis auf eine kleine Ausnahme. Im Oktober 2018 kommt es nach 15 Jahren mal wieder zu einem Pflichtspiel. 07 Albstadt spielt in der Verbandsliga gegen den Abstieg, also zwei Klassen tiefer als Balingen. Doch Albstadt gewinnt mit 3:0. Auch das folgt einer sprichwörtlichen Gesetzmäßigkeit des Fußballs. Der Pokal ...

Bauphase: Juni 2013 bis Oktober 2014

Sitzschalen der Haupttribüne: 610

Baukosten: ca. 6 Mio. Euro

Stadion-Investitionen 2018 gemäß Auflagen: 250.000 Euro

HARTE
4
FAKTEN

In den Talauen
Durchmarsch eines Dorfvereins

Der Sportplatz am Neckarufer war in den Fünfzigern ein reines Zuckerwiesle. Wenn der Neckar über die Ufer trat, brachte er Sand mit. Das ebnete den Platz ein und wirkte als mineralischer Dünger. Nur drei Pappeln störten, die in einer Ecke des Spielfeldes standen. Die wuchsen auf dem Grund eines Bauern, der nicht dem TSV, sondern dem RSV nahe stand. Also blieben die Pappeln stehen. Der TSV-Platzwart streute einen Bogen darum. Außer den Flügelspielern störte das keinen, solange der TSV in den unteren Ligen spielte.

Doch plötzlich taucht ein starker Jahrgang auf. Meister der A-Jugend 1955. In der Saison 1959/60 stürmt der Dorfverein in die oberste Amateurliga, damals die dritthöchste Spielklasse. Und zwar mit einem Durchmarsch, wie er selten passiert: 53:3 Punkte und 102:25 Tore! Drei Unentschieden, keine Niederlage. Jedes Spiel im Schnitt 4:1 gewonnen. So ungefähr.

„Das Weindorf macht im Fußball von sich reden", titelt die überregionale Presse. Jetzt werden sogar die Pappeln gefällt. Im Schnitt erscheinen 2.000 Zuschauer zu den Heimspielen. Zur Premiere wird der VfR Heilbronn besiegt, der große Verein des Unterlandes. Die Saison 1960/61 beendet der Dorfverein auf dem vierten Platz. Das ruft die Späher der Profivereine auf den Plan.

Nach der ersten Spielzeit im Amateuroberhaus wechselt Rudi Entenmann zum VfB. 30-Tore-Mann Wilfried Vogel geht zu den Kickers. Danach zieht auch Willi Entenmann weiter. Er wird noch erfolgreicher als sein Bruder. „Ich kann nicht verstehen, wieso aus einer Turnerfamilie so gute Kicker rauskommen können", wunderte sich ein Benninger. Tatsächlich war Willi Entenmann als Bub ein talentierter Kunstradfahrer. Diese Disziplin boomte unter Turnern.

Wie verpönt Vereinswechsel waren, weiß Rudi Entenmann noch genau. Sie hätten das Team im Stich gelassen, wurde gemeckert. Und prompt steigt Benningen 1963 ab. Die goldene Epoche geht zu Ende. Etwa zeitgleich wird der Neckar begradigt. Seither schwemmt er keinen Sand mehr, sondern nur noch dreckigen Schlamm.

HARTE 4 FAKTEN

Einwohner zu Beginn der sechziger Jahre: ca. 2.800

Einwohner 2017: ca. 6.500

Höchste Klasse der TSV Fußballer: 1. Amateurliga Württemberg

Höchste Klasse der RSV Ringer: 2. Bundesliga Süd

Berg

Sportplatz Ettishofen
„Wenn ihr nicht so versagt hättet"

Nach dem Relegationsspiel 2004 kommt der TSV Berg wieder ganz unten an. Kreisklasse B. Nichts Ungewöhnliches in einer 4.000-Einwohner-Gemeinde. Fatal für den Club ist allerdings, dass Hermann Müller seine Zusage, die Präsidentschaft zu übernehmen, vom Klassenerhalt abhängig gemacht hatte: „Wenn ihr nicht so versagt hättet, hätt' ich's gemacht". Einige Tage darauf verschieben sich Konstellationen. Das Relegationsspiel ist plötzlich wertlos. Der TSV Berg bleibt am grünen Tisch in der A-Klasse. Zu Hause bei Müllers klingelt das Telefon. So erfährt Frau Müller, dass ihr Mann nun Präsident beim TSV Berg wird. „Das war gar nicht gut, dass es meine Frau vorher erfahren hat", gibt Müller zu. Trotzdem gilt: Ein Mann, ein Wort.

Eisenfuß Müller, der einst als Außenverteidiger beim TSV Berg die Flanke entlang sprintete, ist längst als Unternehmer überregional erfolgreich. Ein Hauch von Hoffenheim im Schussental. „Wenn wir was machen, dann richtig, also mit Konzept und langfristigen Strukturen", beschließt Müller. Nach einigen Aufstiegen etabliert sich der TSV in der Verbandsliga. „Oberliga wäre realistisch", gibt der Präsident die Richtung vor. „Wer aufgehört hat zu werden, hat aufgehört zu sein." Auch von zwischenzeitlichen Abstiegen lässt er sich nicht aufhalten.

Die Strukturen sind beachtlich. Viele Spieler erhalten einen Arbeits- oder Ausbildungsplatz in der Firma. Müller betont: „Wir leiden unter Fachkräftemangel. Wir müssen uns umschauen – und wenn die Leute kicken können, umso besser." Der Mittelstürmer des TSV hat in Rumänien schon Championsleague gespielt.

So kann Integration laufen: Die Einen lernen von den Anderen das Kicken. Die Anderen lernen die Sprache. Vom Ansatz profitiert die Jugend, vier bis fünf Eigengewächse stehen in der ersten Mannschaft. Die Nachwuchsarbeit hat eine feste Struktur erhalten. Weitere Sponsoren engagierten sich. Der Sportplatz in Ettishofen heißt RAFI-Stadion. Die Tribüne hat Präsident Müller übrigens selbst geplant. Ehrensache für einen Ingenieur.

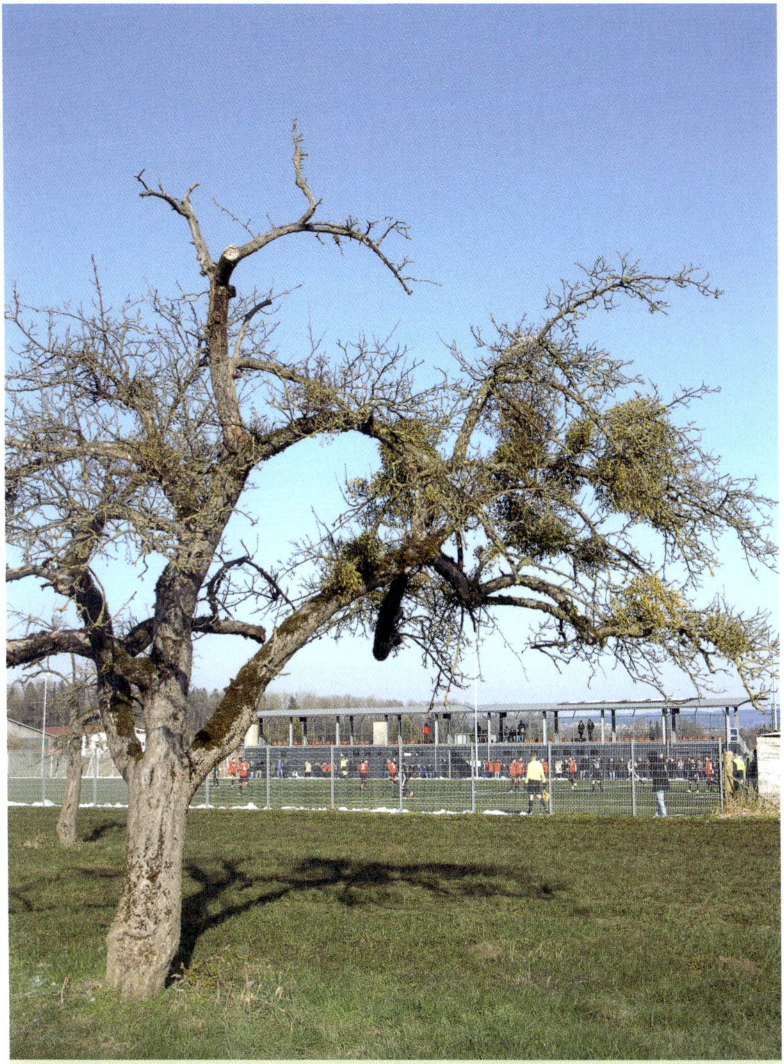

Gründung: 1959

Tribüneneinweihung: 2009

Fassungsvermögen: 1.000 Zuschauer

Hashtag: #Bergaufgehts

Hotel Oberwiesenhof
Im Lager des Eisernen Albert

Was gegen den drohenden Abstieg hilft und was nicht, darüber gibt es mehr als zwei Meinungen. In Deutschland ist ein sogenanntes Trainingslager als Patentrezept verbreitet. Abgeschiedenheit soll helfen, damit die notwendige Konzentration einkehre. Für den Lagermythos ursächlich verantwortlich ist Albert Sing. Der Meistertrainer von Young Boys Bern kundschaftete das Quartier am Thuner See aus. Bis heute ist der „Geist von Spiez" ein Begriff. Ohne ihn hätte es das Wunder von Bern nicht gegeben. So geht die Legende: Weltmeister dank Trainingslager.

Als Sing 1967 beim VfB Stuttgart als Retter antrat, griff er schleunigst zum bewährten Rezept. Er dirigierte die Mannschaft zackig nach Besenfeld ins Hotel Oberwiesenhof. Dabei störte es nur wenig, dass es damals im ganzen Ort keinen vernünftigen Sportplatz gab. Waldläufe und Gesangsstunden waren wichtiger. Der Haufen benötigte Disziplin, Kameradschaft und Korpsgeist.

Nach dem ersten Aufenthalt im Schwarzwald gewann der VfB sein Heimspiel gegen Dortmund. Damit stand fest: Der *Eiserne* Albert war der richtige Trainer zum richtigen Zeitpunkt. Die Rettung gelang. Danach zoffte sich Sing mit der VfB-Führung. Sportskamerad Sing ging zu 1860 München.

Acht Jahre später war er wieder da. Der VfB war mal wieder mit Meisterambitionen in die Saison gegangen. Bereits im Herbst spielte er gegen den Abstieg. Trainer Eppenhoff stellte fest: „Bei uns macht jeder, was er will." Damit war seine Zeit abgelaufen. Der *Eiserne* Albert wurde gerufen. Die Uhren wurden zurückgedreht. Der Geist von Besenfeld sollte es wieder richten.

Problem: Selbst der Zeremonienmeister Sing hatte den Liedtext von „Hoch auf dem gelben Wagen" vergessen. Die Frau von Außenstürmer Stickel gab die zweite Strophe am Telefon durch. Den Geist von Besenfeld konnte das nicht mehr beeindrucken. Die Mannschaft war zerstritten. Der alte Gesangsmeister verzweifelte. Der VfB landete mit TeBe Berlin und dem Wuppertaler SV in der 2. Liga. Geist von Besenfeld vs. Bundesligaabstieg 1:1.

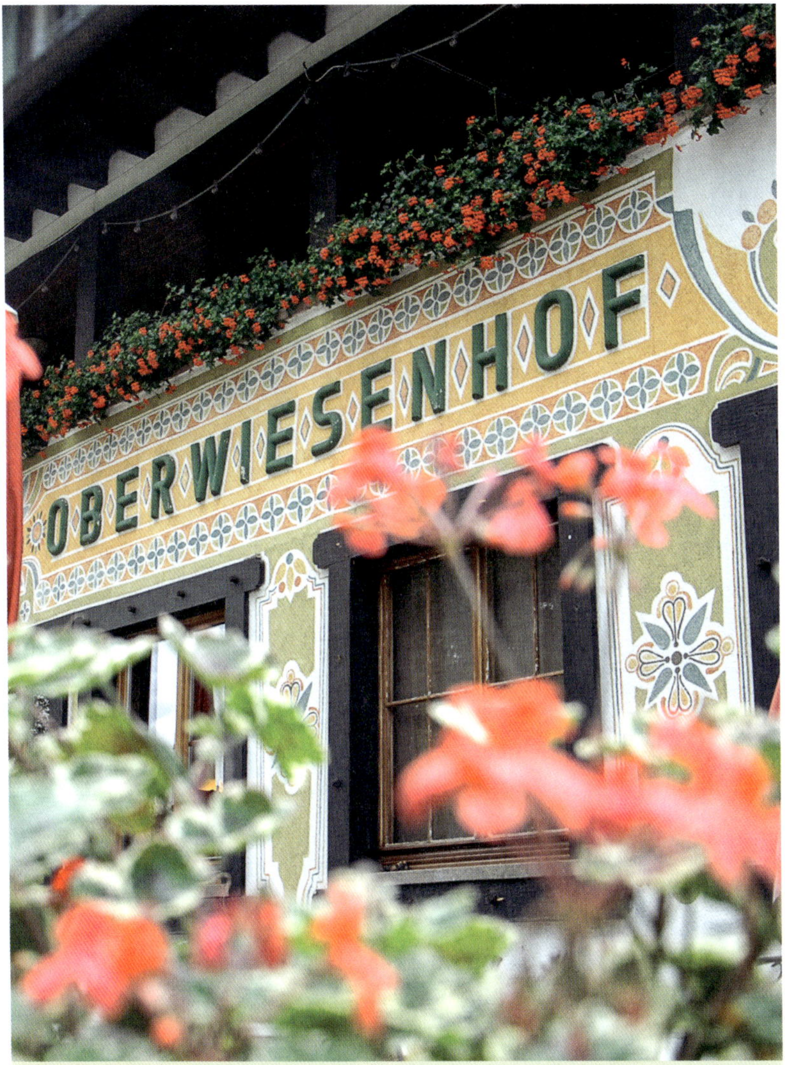

VfB-Platzierung Saison 66/67: 12.

VfB-Platzierung Saison 74/75: 16.

Entfernung Stuttgart—Besenfeld: ca. 83 km

Wellness- und Fitnessraum im Hotel Oberwiesenhof: 800 m^2

Gaststätte Zur Sonne

Das Trainerexperiment

Württemberg beginnt schon 25 Kilometer östlich von Karlsruhe. Die letzte Grenze, die zwischen Württemberg und Baden bestand, weist den 1. FC 08 Birkenfeld als württembergischen Verein aus. Im Gegensatz zu den Pforzheimer Clubs übrigens. Diese sind wiederum badisch, obwohl sie näher an Stuttgart liegen. Das ist Geschichte, man muss es nicht verstehen. Also spielt Birkenfeld auf der württembergischen Seite (manchmal). Den heutigen Sportplatz bezieht der Verein im Jahr 1971.

In seinen besten Zeiten spielt er hinter der Sonne, womit eine Gaststätte gemeint ist. Aber das ist lange her. Heute steht hinter der Sonne ein Pflegeheim, die Sonne selbst heißt *Il Sole* und die Schwarz-Roten spielen in der siebtklassigen Landesliga.

Mitte der zwanziger Jahre spielt der 1. FC 08 Birkenfeld in der höchsten Liga, die der deutsche Fußball zu bieten hat, der Bezirksliga Württemberg-Baden. Der Aufsteiger kämpft prompt gegen den Abstieg. Die Verzweiflung ist so groß, dass man sich für ein Experiment entscheidet: Man holt einen Trainer, einen richtig guten aus der damaligen Fußballhochburg vom SC Red Star Wien. Entlassen musste man übrigens keinen. Der Wiener Karl Stickler ist der erste Trainer der Vereinsgeschichte. „Er war zu spät gekommen", kommentiert ein Chronist. In der regulären Runde setzt es 14 Niederlagen in 14 Spielen. Stickler geht wieder.

Ohne Trainer läuft es offenbar besser. Birkenfeld steigt wieder auf. Im Gegensatz zum großen 1. FC Pforzheim übrigens. Plötzlich ist der kleine Vorort die Nummer 1 zwischen Enz und Nagold. In der Gruppe Württemberg spielen die Schwarz-Roten gegen alle Größen: Stuttgarter Kickers, Union Böckingen und VfB Stuttgart. Der VfB, der mit zwei Nationalspielern antritt, wird hinter der Sonne mit 3:0 abgefertigt. Natürlich ohne Trainer. Brieftauben fliegen das Ergebnis in die Lande.

In der Folge steckt Birkenfeld zwar ständig im Abstiegskampf, aber auch ständig erfolgreich. Schwarz und Rot hält die Klasse, bis 1933 die Gauligen eingeführt werden.

HARTE
4
FAKTEN

1925 bis 1934: Birkenfeld spielt in württembergischen Ligen

1934 bis 1940: Birkenfeld spielt in badischen Ligen

1947/48: Meister in der Bezirksklasse Calw (Württemberg)

Ab 1948: Statt Aufstieg Entscheid für badische Bezirksliga

Stadion am Bruchwald

Die Aufsteiger

Beim FSV Bissingen von 1908 kann man die ersten hundert Jahre mit Leichtigkeit überspringen. In dieser Zeit wissen nur die absoluten Insiderkreise im Bezirk Enz-Murr, wo der Bruchwald liegt. Der Aufstieg der Blau-Weißen beginnt im Jahr 2004. Bissingen wird Bezirksmeister und erreicht sensationell das Finale des wfv-Pokals. Plötzlich weiß jeder, dass man die Jungs vom Bruchwald nicht auf die leichte Schulter nehmen darf – natürlich auch der VfR Aalen, der das Finale 2:0 gewinnt.

Im Jahr 2018 ist der FSV Bissingen 08 längst unter Württembergs Top Ten angekommen. Die Mannschaft zählt in der Oberliga zu den Etablierten. Der Bruchwald ist landesweit bekannt. Bissingen ist gefürchtet – obwohl, oder gerade weil man sich vorkommt wie auf einem Dorfplatz. Der Charme der gepflegten Kreisklasse ist original. Nur die Anzeigetafel sieht nach Oberliga aus. Wer genau hinsieht, wundert sich über die hohen Zäune an der linken Seite. Aber so steht es in den Auflagen des Verbandes. Die Gastgeber sind aufgerufen, sich um ihre Gäste fürsorglich zu kümmern. Ob das sinnvoll ist, darüber darf man geteilter Meinung sein. Besonders gastfreundlich kommt ein solcher Grenzzaun jedenfalls nicht daher.

Trotzdem lieben die Amateurliga-Feinschmecker das spezielle Bruchwald-Flair. Wo sich in echten Stadien die Fans auf den Rängen verlieren, stehen sie am Bruchwald dicht an dicht um den Spielfeldrand herum. Feinste Graswurzel-Atmosphäre! Und sollte die Stimmung einen Durchhänger haben, zapft der freundliche Wirt im Vereinsheim einen hilfreichen Vorschlag.

Nur leise Misstöne sind zu hören, zum Beispiel weil manchen die Umbenennung in FSV 08 Bietigheim-Bissingen etwas zu großspurig erscheint. Doch der FSV setzt dieses Zeichen bewusst. Er will sich als Verein der ganzen Stadt profilieren. Ein nochmaliger Aufstieg würde vielleicht den Umzug ins Ellental mit sich bringen, inklusive dreier Nachteile: Bietigheim, Aschenbahn und kein eigenes Vereinsheim. Aber so weit will in Bissingen noch keiner denken.

HARTE
4
FAKTEN

Aufstieg in die Landesliga: 2004
Aufstieg in die Verbandsliga: 2006
Aufstieg in die Oberliga: 2012, 2015
Finalteilnehmer wfv-Pokal: 2004, 2016

Crailsheim

Rossfelder Straße

Leider ausverkauft

Kein Werksverkauf, keine Restposten, nichts. Die Spurensuche nach den legendären Möbus Schuhen versandet im Industriegebiet.

Beim Bundesligastart 1963 gehörte Möbus wie selbstverständlich dazu. Adidas – Puma – Möbus lautet damals die Tabellenspitze bei den Fußballschuhen der Profis. Die beiden Herzogenauracher Treter bekämpfen sich im Brüderduell mit harten Bandagen. Sie gönnen sich nicht den Dreck zwischen den Stollen. Ihre rituellen Zweikämpfe landen häufig vor Gericht. Einmal trifft es auch Möbus. Pumas Rudolf Dassler ist der Überzeugung, der typische Fersenbogen auf den Modellen von Möbus hätte eine starke Ähnlichkeit mit dem Formstreifen von Puma. Diesen Prozess gewinnt jedoch die Unternehmensleiterin Frieda Möbus, nicht zuletzt weil sie unerwartete Schützenhilfe von Adi Dassler und den Patentanwälten von Adidas erhält.

Allerdings ist Möbus auf lange Sicht dem Druck aus Herzogenaurach nicht gewachsen. Ende der siebziger Jahre wird die Marke verkauft. Ein gewisser Kihachiro Onitsuka, Mitbegründer von Asics Laufschuhen, erwirbt die deutsche Traditionsmarke. Es ist der Anfang vom Ende. 1982 wird die Produktion in Crailsheim eingestellt.

Zwanzig Jahre später feiert die Marke ein Revival. Ein Enkel des Firmengründers versucht, mit zwei Partnern auf der Retrowelle zu surfen. Plötzlich tragen die Models auf der hippen Berliner Modemesse *Bread & Butter* die coolen old-fashioned Sneakers mit dem großen M an der Seite. Doch so schnell wie der Hype kommt, geht er auch wieder. Heute wird in Crailsheim nur noch die Markenlizenz verwaltet. Als Adresse ist ein schmuckloses Gebäude in der Rossfelder Straße hinterlegt. Schuhe mit der Marke Möbus werden zwar noch produziert, aber ausschließlich in Japan. Ein Verkäufer behauptet, es ginge den Japanern weniger um das M auf dem Schuh als um das schöne Ö im Namen. Wenn das zutrifft, steht zumindest eines fest: Weitere Markenrechtsklagen der Wettbewerber sind nach menschlichem Ermessen nicht zu erwarten.

HARTE
4
FAKTEN

Gegründet: 1924

Gründer: Fritz Möbus, Leichtathlet und Sohn eines Schuhmachers

Werbeslogan: „Mit Möbus siegt man leichter"

Erfolgsmodell: der legendäre Breitbandschuh

Schönebürgstadion
Championsleaguesiegerbesieger

Nachdem der DFB im Jahr 1970 Frauenfußball erlaubt, gründet der TSV Crailsheim eine Abteilung. In der Nachbarschaft – in Onolzheim und Tiefenbach – hatten sich bereits Damenmannschaften formiert. Crailsheim will nicht zurückstehen. Abteilungsleiter wird Hubert Oechsner. Der hochtalentierte 19-Jährige spielt Vorstopper in der ersten Mannschaft. Aber eine Verletzung erstickt alle Ambitionen. Zu diesem Zeitpunkt hätte niemand vermutet, dass Oechsner den Frauenfußball satte 44 Jahre anführen würde. Bundesligaaufstieg inklusive.

In den ersten Jahren ist die Entfernung zum Spitzensport maximal. „Onolzheim und Honhardt waren besser", erinnert sich Günther Herz, der ebenfalls von Anbeginn dabei ist. Aber plötzlich hat der TSV einen starken Jahrgang.

1985 geht's richtig los. Die erste Mannschaft gewinnt in Serie. Oechsner und Herz gewinnen die notwendigen Sponsoren. So entwickelt sich Crailsheim zur regionalen Hochburg. In den neunziger Jahren beginnt der Verein, den Kader durch ausländische Nationalspielerinnen zu ergänzen. Rund 650 DM im Monat kann man am Schönebürg verdienen. Der TSV ist fast auf Augenhöhe mit der Bundesliga, aber eben nur fast. Einmal wird der Aufstieg beim Saisonfinale versemmelt.

2004 ist es endlich soweit: Der Traditionsverein des Frauenfußballs steigt in die höchste Spielklasse auf. Vier Spielzeiten bleibt der TSV oben – mit einer kurzen Unterbrechung. Beim Wiederaufstieg 2006 reicht es zum Platz 7 in der Zwölferliga. Das ist bis heute die beste Platzierung eines Aufsteigers. Das beste Spiel? „Auf jeden Fall der Saisonauftakt gegen Turbine", entscheidet sich Günther Herz, „Potsdam kam als frisch gebackener Championsleaguesieger – und wir haben sie weggefegt." Aber er erinnert sich auch an die siebziger Jahre: „Bei einem Turnier in Paris waren wir groß angekündigt – und nach zwei Minuten bereits 2:0 hinten gelegen. Oechsner und ich, wir haben uns auf der Ehrentribüne so geschämt, dass wir erst mal eine Etage tiefer gegangen sind."

HARTE 4 FAKTEN

Bundesliga 04/05: 11. Platz
Bundesliga 06/07: 7. Platz
Bundesliga 07/08: 9. Platz
Bundesliga 08/09: 12. Platz

Waschpark im Seewiesenweg
Staubsauger vor der Abwehr

Einst schickte Trainer Thomas Oral seine Spieler durch eine Waschanlage. Damals trat er als Trainer des FSV Frankfurt an. Die Begründung spielte fast ins Esoterische. Der tiefere Sinn der Aktion soll darin gelegen haben, die Spieler von der vorigen Negativserie reinzuwaschen.

Ähnliche Aktionen sind von der Deizisauer Waschanlage nicht bekannt. Obwohl sie einem Europameister gehört. Es ist Bernd Förster, bei dem man reflexartig hinzufügen möchte: der Bruder von Karlheinz. Den Zusatz könnte man sich aber auch sparen. Schließlich ist Bernd Förster, der ältere der beiden, mindestens genauso erfolgreich gewesen wie Karlheinz. Mindestens.

Europameister, Vize-Weltmeister und Deutscher Meister mit dem VfB Stuttgart – diese Titel haben die Brüder gemeinsam eingesammelt. Allerdings kommen bei Bernd noch zwei Europapokale der Landesmeister und ein Weltpokal hinzu – aus seiner Zeit beim FC Bayern. Dort hatte er zwar nicht allzu viele Einsätze, dafür einige Pokale. Bulle Roth hatte die Position inne, die Förster auf den Leib geschneidert war.

Wenn man genauso rustikal formulieren wollte, wie Förster früher spielte, könnte man in Bezug auf seine Waschanlage sagen: „Früher polierte er Knochen, heute Autos." Aber gerecht wird ihm diese Zuschreibung keinesfalls. Tatsächlich war Bernd ein Sechser aus dem Bilderbuch: sicher im Vorwärtsgang, unerbittlich im Rückwärtsgang. Zehn Jahre später hat man für einen solchen Spieler den Ausdruck „Staubsauger vor der Abwehr" erfunden. Und ja: Auch Staubsauger stehen in Deizisau zur Verfügung.

Bereits mit 30 war Schluss. Das Knie. Auch darin sind sich die Brüder gleich: Kompromisslos gegenüber den Gegnern, unerbittlich gegenüber sich selbst. Ein echter Förster kennt eben keine Verletzungen. Entweder er spielt – oder es ist eben Schluss. Aber Bernd hatte ja schon vorher Titel gesammelt, dass es sich nur so gewaschen hatte.

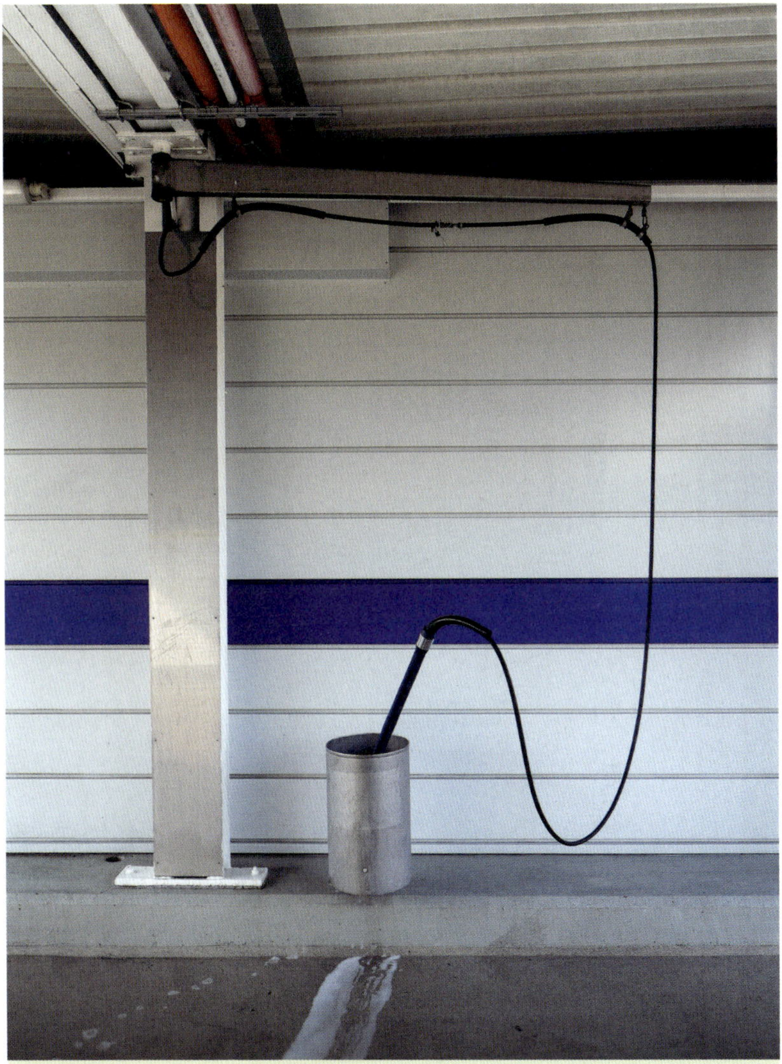

Für den SV Waldhof Mannheim: 16 Einsätze

Für den FC Bayern München: 11 Einsätze

Für den 1. FC Saarbrücken: 62 Einsätze

Für den VfB Stuttgart: 269 Einsätze

Denkendorf

Getränkemarkt Sigurvinsson
Der legendäre Moment

Er war Ausgangspunkt des schönsten Spielzugs in der Geschichte des VfB Stuttgart: Asgeir Sigurvinsson schlug den Pass quer übers gesamte Spielfeld, genau auf den Schlappen von Günter Schäfer, dessen Volleyflanke schließlich Jürgen Klinsmann per Fallrückzieher verwandelte. 1:0 gegen Bayern. Ekstase im Neckarstadion.

Sigurvinsson wird auf Vestmannaeyjaer geboren, einer Insel die 4.000 Einwohner und schon 10 Nationalspieler hervorgebracht hat. Mit 19 Jahren geht er nach Belgien zu Standard Lüttich, acht Jahre später landet er bei den Bayern. Eine Verletzung ist dafür verantwortlich, dass er in München nicht Fuß fassen kann. Der Isländer wechselt für 1 Mio. Deutsche Mark nach Stuttgart und wird sofort Deutscher Meister mit dem VfB. Später ruft Uli Hoeneß nochmal an. Aber Sigurvinsson lehnt ab: „Uli, danke, aber ich bin glücklich hier."

Auch bei den UEFA-Cup-Finals gegen Maradonas Neapel steht er auf dem Platz. In einem Interview weist Sigurvinsson darauf hin, dass der damalige Schiedsrichter nie wieder ein Spiel gepfiffen hat. Wer das Hinspiel in Neapel in Erinnerung hat, weiß genau, wie Sigurvinsson das gemeint hat. Viele behaupten, der ruhige Isländer sei der größte und kompletteste Zehner, der je im Brustring spielte. Dabei ganz ohne Allüren – so mag man es in Stuttgart. Und irgendwie passt das auch zu seinem Denkmal, das er in der Nähe von Stuttgart hinterlassen hat: einem Getränkemarkt.

Thorsten Schaar, der das Webprojekt *Exprofis* betreibt, hat im Berliner *Tagesspiegel* seine Erkenntnisse wie folgt zusammengefasst: „In den 1970er Jahren war die Lotto-Toto-Annahmestelle der typische Arbeitsplatz für Ex-Profis, in den 1980er Jahren das Sportgeschäft, in den 2000er Jahren war es der Betrieb einer Soccerhalle, und inzwischen steht der Spielerberater hoch im Kurs. Und Versicherungsmakler geht eigentlich immer." Sigurvinsson eröffnet einen Getränkemarkt – und das passt wundervoll ins Klischee, das man von trinkfesten Isländern hat. Inzwischen ist der Getränkemarkt verpachtet.

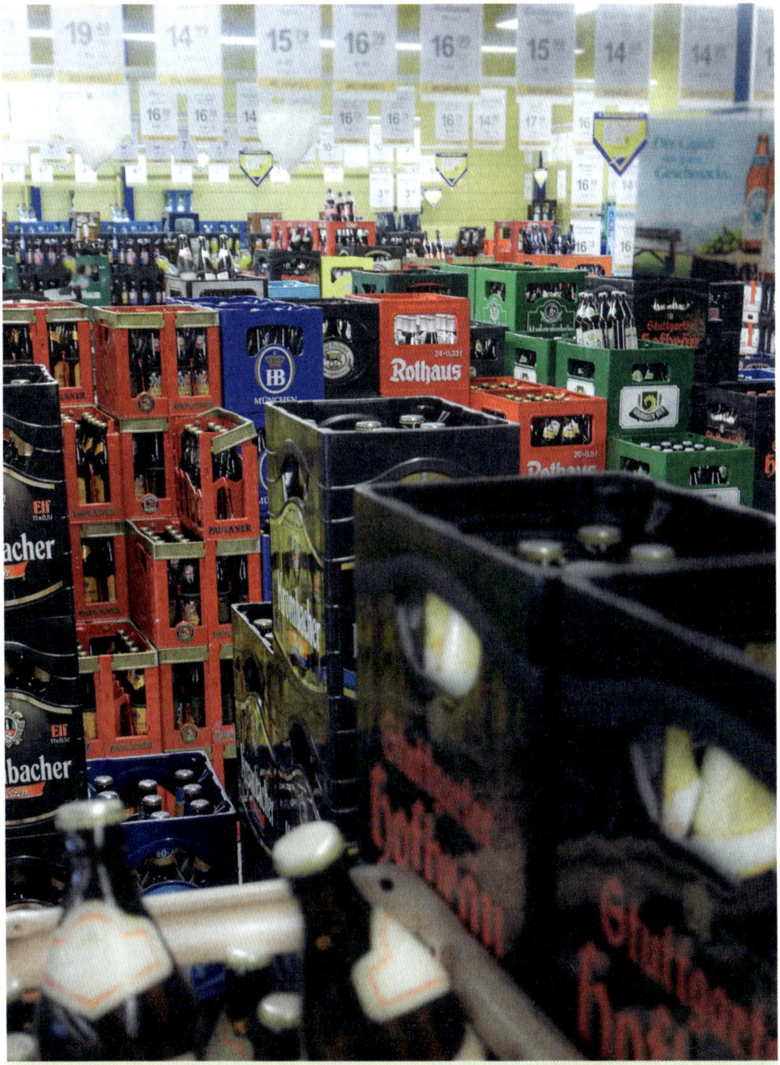

HARTE 4 FAKTEN

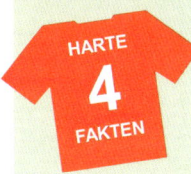

IBV Vestmannaeyjar: 1972–1973

Standard Lüttich: 1973–1981

Bayern München: 1982–1983

VfB Stuttgart: 1982–1990

Dietenheim

Pferdekoppel an der Wainer Straße
Unterste Schublade

Als Sicherheitsliga gilt die Liga, aus der man nicht absteigen kann, weil es nicht mehr tiefer geht. Manche Sicherheitskicker genießen Kultstatus in ihrer Region. Ob das noch Sport oder schon bierselige Gaudi ist, sei dahingestellt. Die miserabelste Mannschaft, die je über ein deutsches Spielfeld pflügte, stammt aus Dietenheim. Am Tiefpunkt ihrer Erfolglosigkeit firmiert sie unter dem Namen FC Auwald.

Als ob sich der Gemeinderat für seine Murmeltruppe schämt, überlässt er den Grün-Weißen eine Wiese am Waldeck, an der Wainer Straße, einen Kilometer außerhalb der Stadt. Von 1966 bis 1970 holt Auwald keinen einzigen Sieg. Ergebnisse wie 0:29 gegen Steinberg, 0:11 gegen Altheim und 0:22 gegen Oberkirchberg gelten als normal. Und daran ist nicht nur der *Flotte Hotte* Schuld, ein Stammtorhüter, der als gehbehindert eingestuft ist.

Dass Auwald seinen würdigen letzten Platz in der Fußballhistorie bekommt, dafür sorgt Klaus Schlütter im Herbst 1970. Er schreibt für die *Bild* über Auwald und kommt auf die Idee, ein Endspiel um den Titel der schlechtesten Mannschaft Deutschlands auszutragen. Auwald ist gesetzt. Die Herausforderer dürfen sich bei der Zeitung bewerben. Die Wahl fällt auf den FC Pinguin Finkenwerder.

Zum Final-Hinspiel erscheinen rund 2.000 Zuschauer. Auwald darf auf den Platz des TSV Dietenheim ausweichen. Vorhersehbar wird das Finale zur Farce. Der FC Pinguin will verlieren. Auwald spielt mit Ehrgeiz – und gewinnt souverän. Das Rückspiel wird als Vorspiel der Bundesligabegegnung Hamburger SV gegen Rot-Weiß Oberhausen ausgetragen. Das kleine Auwald im großen Volksparkstadion mit Uwe Seeler und Willi Schulz als Linienrichter. Ein einmaliges Erlebnis!

Doch der Höhepunkt ist schnell vorüber. Kaum zu glauben, aber es geht noch weiter bergab. Die Auwald-Kassiererin verschwindet spurlos. Dabei hat sie den Mittelstürmer und das gesamte Antrittshonorar, einige tausend Mark. Auwald ist wieder so reich wie vorher. 1974 löst sich der Verein endgültig auf.

HARTE **4** FAKTEN

FC Auwald — FC Pinguin Finkenwerder: 14:1

Zuschauer: 2.000 (1.2.1970)

FC Pinguin Finkenwerder — FC Auwald: 0:7

Zuschauer: 13.000 (20.3.1970)

Sportplatz Lehmgrube
Keine Fahrstuhlmannschaft

Hoch, runter, hoch, runter, hoch, runter – so spielt eine Fahrstuhlmannschaft. Auf Aufstieg folgt Abstieg. Und andersrum. Die Turn- und Sportfreunde Ditzingen haben damit nichts zu tun. Wenn es hoch geht, dann richtig. Wenn es runter geht, dann ebenfalls bis zum Anschlag. 1985 wurden die TSF aus Ditzingen Meister der Kreisliga Enz-Murr, Staffel B. Zehn Jahre und sieben Aufstiege später spielen sie in der Regionalliga Süd. Nach starken sieben Spielzeiten beginnt dann der Abstieg. Sie werden durchgereicht, bis sie wieder in der Kreisliga B landen.

In den besten Zeiten spielen in Grün-Weiß: Fredi Bobic, Sean Dundee, Mario Mandzukic und Serge Gnabry, die letzten beiden allerdings nur in den Jugendmannschaften. 2000 übernimmt der Trainer der Reserve das Oberligateam. Auch ein kleiner Großer: Robin Dutt. Mit ihm beginnt der Sinkflug. Nach dem ersten TSF-Abstieg wechselt Dutt zu den Stuttgarter Kickers, zweite Mannschaft.

Die beste Zeit der Turn- und Sportfreunde ist eng mit Eberhard Ruf verbunden. Als Manager und Mädchen-für-alles kümmert er sich um Mannschaft, Sponsoren und den Zusammenhalt. „Lieber mit gestandenen Kerlen in der Bezirksliga, als mit Seggl in der Oberliga", sagt Ruf leutselig. Am Höhepunkt klopft er mit Ditzingen ans Tor zur 2. Liga. Aber daraus wird nichts. Ende der neunziger Jahre verliert der eigenwillige Macher an Rückhalt. Er wechselt zum SV Waldhof Mannheim.

Sein Ausflug endet tragisch, für alle Seiten. In Ditzingen fehlt der Motor. Der lange Abstieg beginnt. Auch Waldhof wird nicht glücklich. Ganz fatal endet die Sache für Ruf selbst. Ein halbes Jahr nach seinem Abschied von der Lehmgrube fährt sein Auto frontal auf einen Laster. Eberhard Ruf ist sofort tot.

Während manche über Selbstmord spekulieren, hat der damalige TSF-Vizepräsident Marcel Dussling eine andere Version: Er hatte erfahren, dass Ruf wieder zurück nach Ditzingen wollte, und sagt: „Der war so voller Tatendrang, da kann ich mir einen Selbstmord überhaupt nicht vorstellen."

HARTE
4
FAKTEN

TSF Ditzingen – SV Darmstadt 98: 1:0 (1995) (RL Süd)

TSF Ditzingen – SpVgg Fürth: 3:0 (1995) (RL Süd)

TSF Ditzingen – FC Bayern München II: 1:0 (1996) (RL Süd)

TSF Ditzingen – TSV Flacht: 3:5 (2015) (Kreisliga A)

Stadion an der Felsenstraße
Pokalgewinner. Pokalverlierer.

Willkommen im fernen Osten Württembergs: Zwischen Aalen, Heidenheim und der bayrischen Landesgrenze liegt das Härtsfeld, eine karge Hochebene durchzogen von felsigen Trockentälern. Kulturbeflissenen mag das Kloster Neresheim ein Begriff sein. Fußballkenner kennen den Landstrich wegen der Sportfreunde Dorfmerkingen aus dem nördlichsten Ortsteil von Neresheim.

Das 1.000-Seelen-Dorf steht nicht erst seit gestern auf der Fußballlandkarte. Mitte der neunziger Jahre klettern die Sportfreunde erstmals in die Oberliga. Beinahe gleichzeitig holen sie den Verbandspokal aufs Härtsfeld – nach einem 1:0 gegen den SSV Ulm 1846. Damit sind sie für den DFB-Pokal qualifiziert. Aber Dorfmerkingen scheidet in der ersten Runde gegen den Zweitligisten Stuttgarter Kickers aus. Seither weiß jedoch ganz Fußballwürttemberg, wo das kleine Dorf liegt.

Seit 2017 weiß es auch Fußballdeutschland. Längst gilt Dorfmerkingen als beste Adresse für guten Fußball östlich der Ostalb. Mit Ex-VfB-Spieler Helmut Dietterle auf der Trainerbank holen die Sportfreunde den Verbandspokal noch einmal (übrigens im Finale gegen die Kickers). Sie werden in der ersten Hauptrunde des DFB-Pokals gegen den Bundesligisten aus Leipzig gelost. Dorfmerkingen zieht nach Aalen. Die Niederlage hält sich mit 0:5 im überschaubaren Rahmen.

Doch die Sportfreunde fügen eine weitere Geschichte hinzu, die bald in allen Medien steht: die große Story eines Pokalverlierers. Bei der stilechten Feier – im Bierkönig auf Malle – kommt der frisch gewonnene Verbandspokal abhanden. Eben noch stand er auf dem Biertisch. Plötzlich ist er weg. Man startet einen Facebook-Aufruf.

Nach mehr als einer Million Klicks kommt der rettende Anruf. An der Felsenstraße wird eine Pressekonferenz einberufen. Handballer aus dem bayrischen Neusäß hatten die unbewachte Trophäe zum Kuscheln ins Hotel und mit nach Hause genommen. Die Übergabe erfolgt stilecht an der Autobahnraststätte. Dorfmerkingen atmet auf. In den sozialen Medien freuen sich alle über das Happy End.

Gründung: 1922

Einwohner: 1.049

Höhe über Normalnull: 557 m

Sportplätze: 3

Eislingen

Eichenbach-Stadion

Eislinger Pokalgesetze

Über 10.000 Zuschauer trauen ihren Augen nicht. Eislingen führt im DFB-Pokalspiel mit 1:0 gegen den VfB Stuttgart, der als zweifacher Deutscher Meister angereist ist.

Von den fünfziger bis in die achtziger Jahre zählt der 1. FC Eislingen zu den Top-Teams des Württemberger Amateurfußballs. Die Chronik beanstandet an mehreren Stellen, dass die Blau-Weißen im Pokal stärker auftreten als im Ligaalltag. Eislingen gewinnt den wfv-Pokal zweimal – im Endspiel wird zweimal Union Böckingen bezwungen. In den Ergebnislisten sind mehrere Auftritte im DFB-Pokal verzeichnet. Dass man im Eichenbach-Stadion auch im Jahr 1958 gefälligst aufpassen muss, bemerkt der VfB um seinen Kapitän Robert Schlienz aber erst, als die Stuttgarter bereits im Rückstand liegen.

Schlienz selbst landet rund zehn Jahre später wieder in Eislingen. Doch als Trainer ist das große VfB-Idol nie erfolgreich. Auch in Eislingen wird er nach sieben Niederlagen entlassen. Sein Intermezzo bleibt nur eine kurze Episode. 30 Jahre lang ist der FCE eine feste Größe in der höchsten Amateurklasse des württembergischen Fußballs. Als 1978 die Amateuroberliga Baden-Württemberg eingeführt wird, ist Eislingen als offensivstärkste Mannschaft der Vorsaison selbstverständlich dabei – und wird auf Anhieb Dritter. Möglicherweise ist es die beste Saison, die Eislingen je spielte. Zwei Spielzeiten später folgt der Abstieg. Danach stehen in roter Farbe 300.000 Mark in den Büchern, die sich binnen fünf Jahren angehäuft hatten. Seither werden in Eislingen kleinere Brötchen gebacken.

Natürlich erinnert man sich gerne an die großen Zeiten – vor allem an die Pokalspiele. Im August 1978 steht es zur Halbzeit bei Alemannia Aachen 1:1. Erst am Ende bekommt der FCE drei Tore eingeschenkt. Die Eislinger Geschichtsschreibung spricht von zweifelhaften Schiedsrichterentscheidungen. Wesentlich eindeutiger verläuft die größte Partie, die das Eichenbach-Stadion je gesehen hat. Am Ende gewinnt der VfB das Erstrundenspiel des Jahres 1958 deutlich mit 1:7.

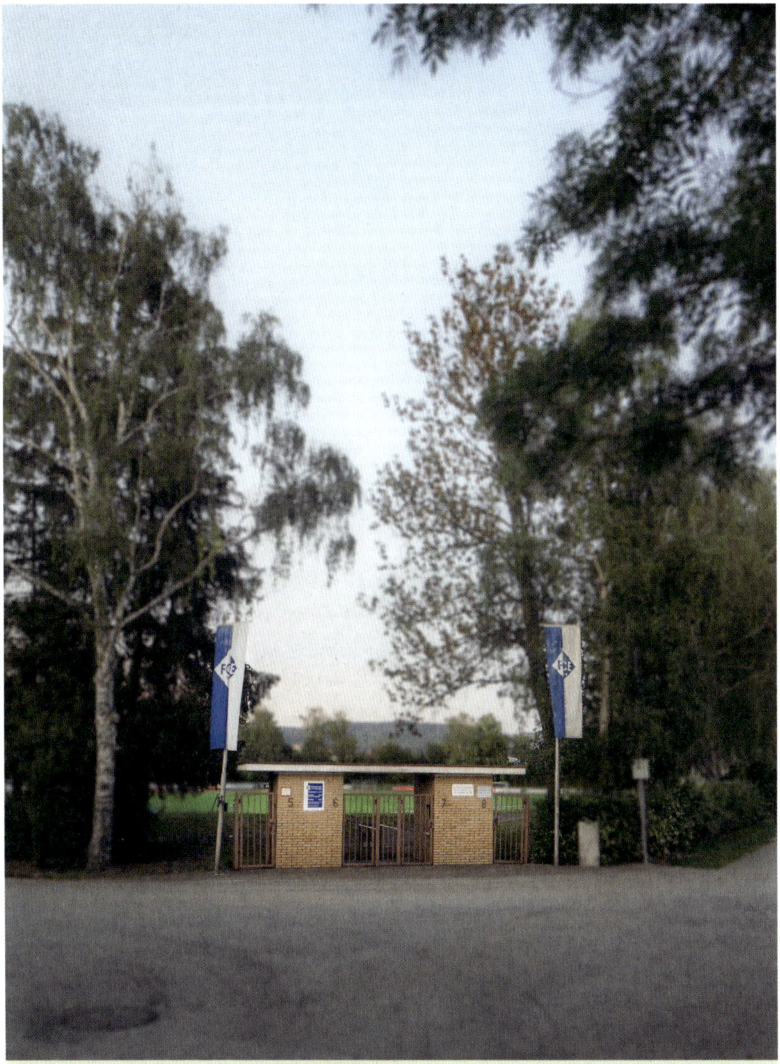

1. FC Eislingen – Union Böckingen: 1:0 (wfv-Pokalsieg 1956)

1. FC Eislingen – VfB Stuttgart: 1:7 (DFB-Pokal 1958)

1. FC Eislingen – Union Böckingen: 3:2 n.V. (wfv-Pokalsieg 1976)

Alemannia Aachen – 1. FC Eislingen: 4:1 (DFB-Pokal 1978)

Ergenzingen

Breitwiesen

An Pfingsten kickt die Zukunft

Einmal im Jahr wird der Sportplatz neben dem Acker zum Treffpunkt der großen Namen. Sie kommen bereits zu einem Zeitpunkt, zu dem die Namen noch völlig unbekannt sind. Die Wenigsten kannten Kahn, Schürrle, Scholl und Rosicky. Aber sie waren schon da, beim Internationalen Pfingstturnier U17 des TuS Ergenzingen. Seit 1972 wird es ununterbrochen ausgetragen. Bei der Premiere siegt noch der SV 03 Tübingen. Mittlerweile heißen die Sieger Boca Juniors, Wolverhampton Wanderers, Burkina Faso, FC Zürich, Red Bull Salzburg oder Fenerbahce Istanbul. Warum reisen die eigentlich ausgerechnet nach Ergenzingen?

Ursächlich dafür verantwortlich sind zwei Männer mit dem Namen Baur. Herrmann und Walter sind nur weitläufig verwandt. Der eine ist ein legendärer Jugendtrainer, der andere ein engagierter Organisator. Trainer Walter Baur gilt als Urvater der Ergenzinger Talentschmiede. Er ist streng, ehrgeizig und hat ein feines Auge für Talente. Einst holt er einen gewissen Jürgen Klopp nach Ergenzingen. „Für ihn wären wir achthundertmal um den Baum gelaufen", berichtet Klopp über sein Trainervorbild. Wenn Trainer Baur eine Idee hat, kümmert sich der Organisator Baur um die Umsetzung. Ein Trainingslager für die TuS-Jugend in Sao Paolo? Organisator Baur macht's möglich. Seither meldet mindestens eine brasilianische Mannschaft für das Pfingstturnier.

Der jährliche Höhepunkt lockt nicht nur rund 2.000 Zuschauer pro Ausgabe an. Er dient auch als Aushängeschild der traditionell guten Jugendarbeit des TuS. Seit Jahren sind die Probetrainings voll mit ehrgeizigen Talenten. Alle wissen, dass Ergenzingen eine plausible Alternative zu den Akademien der Bundesligisten darstellt.

Darum hatte Ergenzingen nicht zurückgeschreckt, als sich der Dorfklub für die B-Jugend-Bundesliga qualifizierte. In der Saison 2009/10 fuhr der Bayern-Bus zweimal ins Heckengäu: an Pfingsten und in der Ligarunde. Der Bayern-Busfahrer kannte ja bereits den großen Parkplatz neben dem Acker.

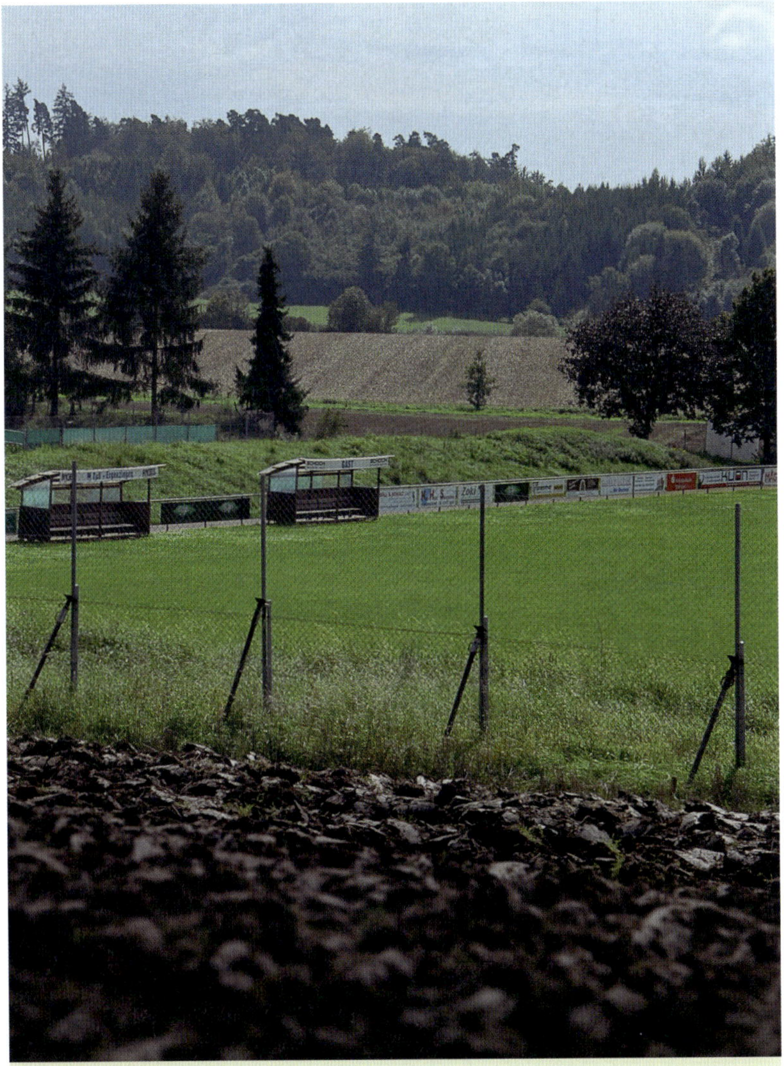

Finale 1992: Honved Budapest – AS St. Etienne 7:0

Finale 1998: Sparta Prag – Besiktas Istanbul 4:2 n. E.

Finale 2011: Boca Juniors – FSV Mainz 05 2:1

Finale 2015: Wolverhampton Wanderers – Chivas Guadalajara 6:5 n. E.

Sportplatz

Die schönste Tribüne der Kreisliga

Eigentlich sollte jeder Sportplatz eine solche Tribüne haben. Schade, dass so etwas nicht als Bausatz angeboten wird. Aber so was Wunderbares gibt es nur beim SV Fischingen. Kreisliga mit Haupttribüne. Stolze fünf Ränge besitzt das Bilderbuch-Bauwerk, das bei Amateurliga-Groundhoppern auf jeden guten Reiseplan gehört. Kapazität: rund 50 Zuschauer. Wer noch nicht da war, bitte vormerken: Der SV Fischingen am Neckar spielt in der Kreisliga B des nördlichen Schwarzwalds. Die Tribüne ist ein historisches Original. Gebaut nach einer legendären Vereinssitzung am 8. Mai 1954.

Die Neckar-Chronik erzählt die Geschichte: Der SV-Vorstand Josef Seigel will unbedingt eine neue Tribüne mit Geräteschuppen darunter. Er ist kein ganz bequemer Zeitgenosse, vor allem dann, wenn er etwas durchsetzen will. Also stimmt der Vereinsausschuss brav für den Bau und genehmigt das 2.500 Mark teure Bauwerk.

Daraufhin tritt Seigel unter Protest zurück. Das Stimmenverhältnis von 7:3 pro neue Tribüne reicht ihm nicht. „Für so ein Projekt erwarte ich hundertprozentige Zustimmung", zitiert ihn die Vereinschronik. Also wird eiligst eine außerordentliche Versammlung einberufen. Die Abstimmung wird wiederholt. 10:0 Stimmen für die Tribüne. Seigel erklärt den Rücktritt vom Rücktritt.

„Es wird getan, was ich sage." So führt Seigel den Verein. Vielleicht erklärt sich damit auch die erstaunliche Bauzeit. Nach nur vier Wochen wird das Schmuckstück eingeweiht. Ein Coup! Sogar die *Bild* berichtet über die „kleinste Tribüne Süddeutschlands".

Dass sie heute so glänzend dasteht, ist einer Sanierungsaktion zu verdanken. Drei Realschüler beginnen im Rahmen eines sozialen Projektes die Tribüne in Stand zu setzen. Aber mit „gschwend a bißle was streichen" ist es nicht getan. Insgesamt 750 Arbeitsstunden fließen in die Restaurierung. Auch die Seitenverglasung glänzt wie neu. Seither gilt umso mehr: Auf dieser VIP-Loge für Fußballromantiker sollte jeder Kreisligafan einmal gesessen haben.

HARTE 4 FAKTEN

Gründung SV Fischingen: 1922

Bau der Haupttribüne: Juni 1954

Fassungsvermögen: 50

Wunder von Bern: Juli 1954

Friedrichshafen

Zeppelinstadion
Früh geadelt

15:30 Uhr, klassische Anstoßzeit. Die Spieler treten zur Begrüßung an. Es schreiten an den Mannschaften vorbei: König Wilhelm II. und seine Gemahlin Charlotte.

Weil der König gerne am Bodensee zu Gast ist, kommen die Friedrichshafener Kicker zu frühen Ehren. Die Hoheiten verfolgen im Jahr 1912 das Spiel von einer eigens errichteten Loge. Sie sehen ein deutliches 7:2 des 1. FC Friedrichshafen 09 gegen Olympia Laupheim. Die Laupheimer Vereinschronik entschuldigt ihre Mannschaft mit „der Aufregung vor so hohen Herrschaften zu spielen" und der Ruderpartie, die noch in den Knochen steckte. Kurz vor Abpfiff brechen König und Gattin auf. Die Mannschaften stellen sich erneut auf und König Wilhelm II. lobt die Spieler für das, was er sehen durfte.

Der frühe Adel führt allerdings zu keinem nennenswerten Aufschwung des Bodenseefußballs. 1919 wird der Verein in VfB Friedrichshafen umbenannt, um Handballer und Leichtathleten in den Verein zu integrieren. In diesem Jahr wird das Zeppelinstadion fertiggestellt. In den ersten hundert Jahren bleibt der VfB vom Bodensee lediglich eine regionale Größe. 1969 scheitert das Team in der Aufstiegsrunde zur Regionalliga Süd, damals die zweithöchste Klasse Deutschlands. Höher geht es nie. Und so steht der Fußball vereinsintern im Schatten des Volleyballs, wo ein Championsleague-Sieg und schlappe 13 Deutsche Meisterschaften zu Buche stehen.

Auch der sportliche Höhepunkt in der Geschichte des Stadions findet nicht auf dem Rasen statt, sondern auf der Aschenbahn. Beim Leichtathletiksportfest 1958 tritt ein gewisser Armin Hary an. Da seine Zeit im ersten Versuch absolut unbefriedigend ist (10,3 Sekunden), bittet er die Kampfrichter um ein zweites Rennen. Es lohnt sich. 10,0 Sekunden – Weltrekord! Allerdings stellt sich bei der nachträglichen Vermessung heraus, dass die Bahn zu viel Gefälle aufweist, nur wenige Zentimeter. Hary muss noch zwei Jahre warten, bis er offiziell die magische 10-Sekunden-Grenze knackt, auf einer perfekten Bahn in Zürich.

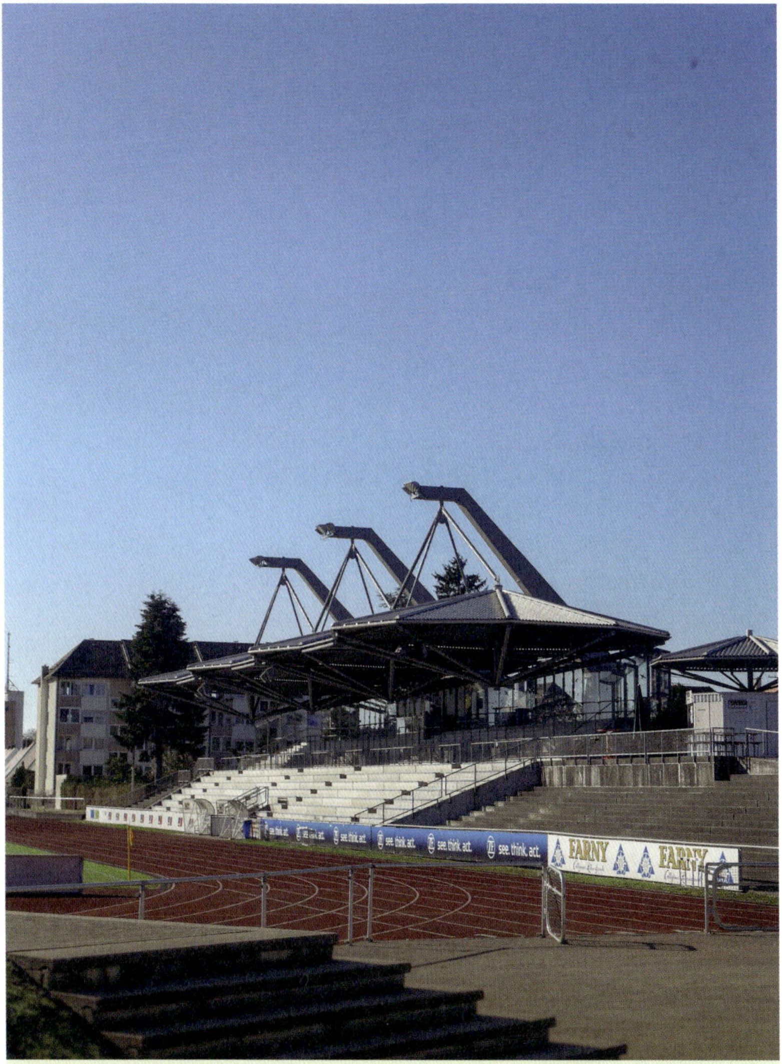

Gründung: 1909 als 1. FC Friedrichshafen 09

Umbenennung: 1919 in VfB Friedrichshafen

Württembergischer Amateurmeister: 1954, 1957, 1963

Deutscher Volleyballmeister: 1998–2002, 2005–2011, 2015

Sportplatz Altenstadt
Das Schalke des Südens

Blau und Weiß als Vereinsfarben, den Bergmannsgruß im Vereinsnamen, Schlägel und Eisen im Wappen: Dass der SV Glück Auf Altenstadt verdächtig an Schalke 04 erinnert, ist weder Zufall noch Folklore. Glück Auf ist ein waschechter Kumpelverein.

In der Grube Karl wurde hart geschuftet. Fast zwei Kilometer hatte man sich unter die Schwäbische Alb vorgearbeitet, um Eisenerz abzubauen. Bergmannskultur in Reinform. Nach dem Krieg gründen die Kumpel ihren Verein. In der Gaststätte „Zur Erzgrube" findet die erste Versammlung statt. Wo auch sonst? Vermutlich singt man „Blau und Weiß, wie lieb ich Dich." Das Schalker Vereinslied ist auch das Altenstädter, selbstverständlich. Sie sind stolz darauf, wenn man sie Knappen nennt, so steht es in der Vereinschronik.

Als erstes Spielfeld dient ein alter Holzlagerplatz in der Nähe der Grube Karl. Bei Regenwetter verwandelt sich der Platz in ein Schlammbad. Wenn die Kicker vom Platz gehen, ist vom Blau-Weiß nicht mehr viel zu erkennen. Rote Erde überall, das Eisenerz. Einen Luxus hat der Kumpelverein allerdings zu bieten. Nach den Spielen dürfen sich die Spieler in den warmen Waschkauen des Bergwerks reinigen. Warmes Wasser, wo man sich auf anderen Sportplätzen nur in die Bäche und Tümpel werfen kann. Purer Luxus. Den Platz, auf dem sich das alles abgespielt hat, gibt es allerdings nicht mehr. Der SVA spielt heute zentraler, in der Mitte von Altenstadt findet man den Glück-Auf-Platz.

Der berühmteste Spieler des SVA kann sich noch gut an die rote Erde erinnern. Karl Allgöwer beginnt in der D-Jugend von Glück Auf. Heute gibt er zu, dass er eigentlich bald vom Arbeiterclub zum bürgerlichen SC Geislingen wechseln wollte. Aber die Eltern fanden die Idee überhaupt nicht gut. „Ein Altenstädter wechselt nicht zum SC", hieß es. Erst fünf Jahre später setzt sich Allgöwer durch und geht ins Eybachtal. Auf seinen Vornamen angesprochen sagt Allgöwer, es wäre wirklich nur ein Zufall, dass die Grube ebenfalls so heißt.

HARTE 4 FAKTEN

Belegschaft der Grube Karl im Jahr 1941: 1.021 Beschäftigte

Gründung SV Glück Auf Altenstadt: 1946

Letzte Fahrt in den Stollen: 4. Januar 1963

Belegschaft der Grube Karl bei Schließung: 300 Beschäftigte

Stadion im Eybacher Tal

Vollauf verdienter Sieg

Dass der HSV gleich in der ersten Pokalrunde ausscheidet, mag heute keine Überraschung mehr sein. 1984 ist es noch eine. Schließlich gelten die Hamburger als europäische Extraklasse. Ihr legendärer Europapokaltriumph ist noch gar nicht lange her. Heute gehört der Geislinger Erstrundensieg gegen Hamburg in den klassischen Reigen legendärer Pokalsensationen. Allerdings lohnt es sich, genau hinzuschauen, denn für die Geislinger Spieler kommt der Sieg überhaupt nicht überraschend.

SC-Stürmer Wolfgang Haug erinnert sich: „Der Alex hat eigentlich gar nicht viel halten müssen." Damit ist der Torwart gemeint. Auch Felix Magath ist das aufgefallen: „Die eigentliche Katastrophe", sagt er nach dem Spiel, „war, dass wir überhaupt keine Siegchance hatten." Tatsächlich ist der Triumph komplett verdient.

Der Oberligist presst mit hoher Intensität. Die taktischen Grundlagen wurden von Helmut Groß gelegt. Groß, der den SC zuvor trainiert hatte, gilt längst als berühmter Fußballstratege. Jahre später wird er mit einem gewissen Herrn Rangnick eine spieltaktische Revolution auslösen. Stichwort: Ballorientiertes Pressing. Die Grundzüge erkennt man beim SC Geislingen deutlich.

Gegen den HSV sitzt bereits Groß' Nachfolger auf der Trainerbank. Jakob Baumann, Vater des 5.000-Meter-Olympiasiegers Dieter Baumann, muss seine Männer nur noch ins Laufen bringen. Nicht nur SC-Verteidiger Bernd Breitenbach wundert sich, wie hilflos sich der große HSV anstellt: „Wir hatten uns schon während des Spiels gefragt, irgendwann müssen sie doch mal angefangen." Haben sie aber nicht.

Wie stark die Schwarz-Weißen sind, zeigen auch die folgenden Pokalrunden. Kickers Offenbach ist in der zweiten Runde so chancenlos wie der HSV. Selbst beim Ausscheiden gegen den späteren DFB-Pokalsieger Bayer Uerdingen sind die perfekt eingespielten Geislinger total auf Ballhöhe. Über die merkwürdigen Entscheidungen des Schiedsrichters, die zur unverdienten Niederlage führen, wundern sich manche noch heute.

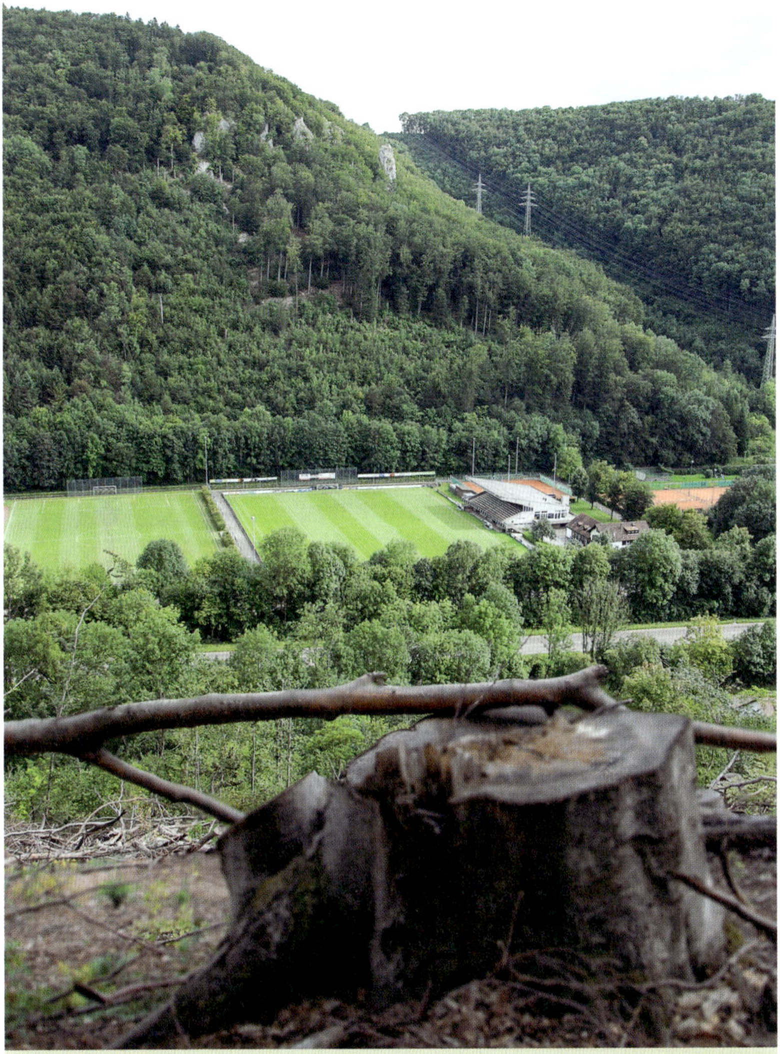

SC Geislingen — Hamburger SV: 2:0

SC Geislingen — Kickers Offenbach: 4:2

SC Geislingen — Bayer Uerdingen: 0:2

Bayer Uerdingen — Bayern München: 2:1 (im Finale)

Talgraben

Sponsor wider Willen

Ein Paradebeispiel des schwäbischen Mittelstandes: die Schlötter KG in Geislingen, seit Jahrzehnten in der Galvanotechnik erfolgreich. Mit Geld aus diesem Hause wird damals der Aufstieg des SSV Reutlingen 05 finanziert. Tatsächlich geht der gesamte 2. Liga-Höhenflug des SSV zwischen 2000 und 2003 voll auf Schlötters Konten. Blöd nur, dass dort niemand davon etwas weiß. Niemand, außer Geschäftsführer Dieter Winko. Die Inhaberfamilie hat keine Ahnung.

Wir sprechen von stolzen vier Millionen Euro. Fast drei Millionen schleust Winko über ein Privatkonto der Hauptgesellschafter. Scheinbar eine normale Privatentnahme. Aber ohne Wissen der Gesellschafter, die das Konto aus den Augen verlieren. Auch an die Vollmacht, die sie Winko ausgestellt hatten, erinnern sie sich nicht mehr. Die anderen Gelder fließen über Schecks, großzügige Tantiemen und den Verkauf von Goldbarren nach Reutlingen in den Fußballverein. Unglaublich, aber wahr: Während der SSV in der 2. Liga spielt, spricht eine Buchhalterin, die vor der Pensionierung steht, mit den Gesellschaftern. Es gebe einige Merkwürdigkeiten, die ihr aufgefallen sind. Und dabei handelt es sich nicht nur um ein paar Werbeplakate und Lautsprecherdurchsagen, die Schlötter bezahlte, obwohl sie niemand gehört und gesehen hat.

Um die Reaktion von Schlötter zu verstehen, muss man den schwäbischen Mittelstand kennen. Ist das peinlich! Also bastelt das Unternehmen an einer geräuschlosen Lösung. Erst einigt man sich mit Winko auf die Rückzahlung. Die ist jedoch nur möglich, solange der Geschäftsführer auch Präsident ist. Also Ruhe bewahren. Winko will ja mit dem SSV in die Bundesliga aufsteigen. Vielleicht kann man von diesem Geld ....

Aber der Plan geht krachend schief. Hinterher muss Schlötter zugeben: Die naive Vertuschungsaktion macht den Schaden nur noch größer. Im folgenden Prozess wird alles ausgebreitet. Das gesamte Ausmaß der vertrauensvollen Schlamperei steht in allen Zeitungen. Der Höhenflug des SSV endet im Absturz, Winko im Gefängnis.

HARTE
4
FAKTEN

SSV Reutlingen 05 — 1. FC Saarbrücken: 8:2 (Saison 2000/01)

SSV Reutlingen 05 — Alemannia Aachen: 5:0 (Saison 2002/03)

SSV Reutlingen 05 — LR Ahlen: 5:1 (Saison 2001/02)

SSV Reutlingen 05 — Waldhof Mannheim: 3:0 (Saison 2001/02)

Riedwiesen

Kein Jahrhunderttalent

Im seinem Heimatort Glatten trifft man keinen, der behauptet, Jürgen Klopp wäre ein Jahrhunderttalent gewesen. Sein Jugendtrainer Ulrich Rath stellt ihn zuerst in der zweiten E-Jugendmannschaft auf. Klopp ist gerade fünf Jahre alt. Bambinis gibt es noch nicht. Daher spielen die ganz Kleinen in der E2 – und sie bekommen in der ersten Saison ordentlich auf die Socken. Was allerdings jeder bestätigt: In punkto Leidenschaft, Ehrgeiz und Einsatz ist der Jürgen ganz weit vorne. Jugendtrainer Rath bestätigt: „Der haute sich in jeden Ball rein, auch wenn da manchmal aus Verzweiflung einer weit über die Kiste flog."

In Klopps eigenen Worten hört sich das so an: „Ich hatte das Talent für die Landesliga und den Kopf für die Bundesliga – herausgekommen ist die 2. Liga."

Oder so: „Ich habe mich lange genug mit schlechtem Fußball auseinandergesetzt – und zwar mit meinem eigenen." Oder eben so: „Ich kann nur eine Aussage darüber treffen, wie motiviert ich bin. Und wenn man das in Flaschen abfüllt, dann kommt man in den Knast, wenn man das verkauft."

Das Verdienst, Klopp entdeckt zu haben, gebührt Walter Baur, dem legendären Jugendtrainer des TuS Ergenzingen. In den O-Tönen von Klopp erzählt: „Ergenzingen, das war für uns so weit weg wie der FC Barcelona. Wer von Walter Baur für gut genug befunden wurde, der hatte es geschafft. Auf das Tor schießen war streng verboten. Stattdessen war Jonglieren mit dem Ball angesagt. Nach einem halben Jahr hätten wir bei jeder Weihnachtsfeier als Seehund auftreten können."

Was man in Glatten nicht so gerne hört: wenn Journalisten leichtfertig über den „Stuttgarter Jürgen Klopp" schreiben. Jugendtrainer Rath hat diesen Irrtum einmal in einem Brief an eine Zeitung richtiggestellt. Er betonte, dass Klopps Mutter nur zur Geburt nach Stuttgart gefahren war, weil der Hausarzt gesagt hatte, es könne kritisch werden. Sonst wäre der internationale Meistertrainer nicht nur in Glatten aufgewachsen, sondern tatsächlich auch ein gebürtiger Glattener.

HARTE 4 FAKTEN

Deutscher Meister: 2011, 2012

Fußballtrainer des Jahres: 2011, 2012

Championsleague-Finalist: 2013, 2018, 2019 (Sieger)

Deutscher Fernsehpreis: 2006, 2010

Stadion an der Hohenstaufenstraße
Großes Scheisshäusl

„Mensch, haben die aber ein großes Scheisshäusl", rutscht es Nationalspieler Wenauer heraus, als er mit dem 1. FC Nürnberg an die Hohenstaufenstraße kommt. So schnell geht das: 1968 wird der Club Meister. 1971 spielt er in der Regionalliga Süd gegen den 1. Göppinger SV. Was ihn ans Scheißhäusl erinnert, ist nicht überliefert. Meint er die alte Holztribüne – oder nur die Sprecherkabine, die sie unters Tribünendach genagelt haben? Man hat ihn nie gefragt. Für Göppingen ist sowieso nur wichtig, dass Wenauer seinen Spruch heimgezahlt bekommt. Der Club verliert 2:3. Trotzdem hält sich Göppingen nur eine Saison in der zweithöchsten Spielklasse.

1980 haben die Schwarz-Roten nochmals die Chance zu den Profis aufzusteigen. Ein Sieg im letzten Spiel würde reichen für die 2. Liga. Gegner ist die Zweite des VfB.

Unterm Hohenstaufen erzählt man sich heute noch, dass VfB-Präsi Mayer-Vorfelder die Jungs persönlich heiß gemacht hat, damit der kleine Konkurrent aus dem Filstal nicht nach oben kommt. In derselben Saison spielt Göppingen im DFB-Pokal gegen Fortuna Düsseldorf. Beim Ausgleich vibriert die alte Holztribüne ein letztes Mal. Danach geht's bergab. Göppingen verliert mit 1:4. Die Tribüne mit dem Scheisshäusl wird abgerissen. Ein Jahrzehnt später kickt Göppingen in der Bezirksliga.

Die Architektur bleibt als Thema erhalten. Es folgt eine kühne Dachkonstruktion, die aussieht, als wären mehrere überdimensionale Fächer ineinander geschoben worden. Zahnstocherfeine Streben sollen das dünne Plastikdach dauerhaft halten. Bevor sie jedoch den Zuschauern um die Ohren krachen, werden sie abgerissen. Also eben kein Dach ... Viele Jahre thront lediglich eine orangegelbe Zelle über den nackten Sitzstufen. Wieder stellt sich die Frage: Scheisshäusl oder Sprecherkabine?

Erst 2018 werden stabile Verhältnisse geschaffen. Die neue Tribüne ist nun einwandfrei. Der Göppinger SV spielt stabil auf bestem Amateurniveau. Und die Toiletten der Vereinsgaststätte Platzhirsch sind auch erste Sahne.

HARTE 4 FAKTEN

1. Göppinger SV — 1. FC Nürnberg: 3:2 (1971)

Zuschauer: 8.000

1. Göppinger SV — Fortuna Düsseldorf: 1:4 (1980)

Zuschauer: 8.000

Grömbach

Sportplatz
Der beste Bierstand der Saison

Auswärtsspiel des SV Kickers Stuttgart bei Fortuna Köln – aber wie doof ist das denn? Draußen wird normales Bier ausgeschenkt. Aber drin im Gästeblock: nur bleifrei. Also nichts wie raus. Aber die Ordner haben was dagegen.

René Weller muss drin bleiben, in der Zone, in der kein richtiges Bier zu bekommen ist, und kann nichts daran ändern. „Das passiert mir nur einmal", denkt sich Weller, der als Vorstand des SVK-Fanclubs Bierdurscht für die Verpflegung der blauen Herzblutfans verantwortlich ist. Bleifreies Bier gehört nicht zu dem, was den Fans mundet. In eine solch verfahrene Situation wie in der Kölner Südstadt will Weller nicht nochmal geraten. Ehrenwort! Also gründet er den Bierstand-Service SVK.

Seither erkundigt Weller vor jedem Auswärtsspiel, wie die Fans ihr Bier bekommen – und vor allem: wo. Via Facebook wird informiert, was die Fans am Reiseziel erwartet. Nach dem Match wird bewertet. Kriterien sind: Erstens ein richtiges Bier (alkoholfrei geht gar nicht). Zweitens ein runder Geschmack inklusive feiner Herkunft (lokale Brauereien stets bevorzugt). Drittens ein angemessener Preis. Viertens ein schneller und freundlicher Service. Und fünftens eine angemessene Schankatmosphäre, wobei ein fester Stand jeden Bierwagen sticht.

Die Bewertung wird ebenfalls auf Facebook geteilt. Der Saisonsieger erhält den Goldenen Bierbecher. In der Spielzeit 16/17 geht die Trophäe an die SpVgg Grömbach, bei der die Blauen in der ersten Verbandspokalrunde zu Gast sind. „In Grömbach hat alles gestimmt, aber auch alles", urteilt René Weller. Also fahren die Bierdurschtigen zum Elfmeterturnier an den Rand des Schwarzwalds. Im feierlichen Rahmen überreicht der Bierdurscht-Vorstand den „Goldenen Bierbecher".

Bierstand-Service lobt und tadelt. Besonders hart, wenn es um die Servicequalität in der eigenen Hütte geht. Als gegen den SSV Reutlingen das Bier in Degerloch alle ist, gibt's die deftige Note „Setzen 6!" für den eigenen Verein und die klare Feststellung: „Dem Kickersfan ist es nämlich egal, ob's Sonntag ist, nass und kalt – er will Bier. Viel Bier!"

HARTE

4

FAKTEN

Bester Bierstand 2016/2017: SpVgg Grömbach

Bester Bierstand 2017/2018: TSV Essingen 1893

Bester Bierstand 2018/2019: FC Germania Friedrichstal

Community: 2.976 Personen gefällt das (Stand Juli 2019)

Stadion Fauntenhau
Frau Berg hat Heimspiel

Die Zufahrt zum Fauntenhau ist kaum breiter als ein Feldweg. Kaum zu glauben, dass in dieser verträumten Talmulde ein drittligataugliches Stadion liegt. Aber tatsächlich: Dort liegt die Fußballheimat der SG Sonnenhof. Bis das Stadion zu den Kultstätten des Fußballs gehört, werden noch ein paar Jahrzehnte vergehen. Es ist ja auch nicht dramatisch, keine Tradition zu haben. Erbärmlich ist nur, wenn man sie vortäuschen will. Doch genau auf diesem Fake beruht das Geschäftsmodell Ferber Erleben Event GmbH, auf deren Nährboden die SG Sonnenhof wächst. Fußball-Traditionalisten kann das nicht schmecken. Aber Kritik ist so fehl am Platz, wie die Besprechung eines Andrea-Berg-Konzerts im Feuilleton. Alles eine Frage des Geschmacks. Wenn Andrea Berg ihr jährliches Heimspiel ausrichtet, erscheinen rund 15.000 Fans.

Wie man mit fehlender Tradition umgeht, demonstrieren die sympathischen Fans der SG Sonnenhof vorbildlich: mit Witz und Selbstironie. Der kleine Haufen ist bundesweit bekannt. Beim Auswärtsspiel in Bielefeld zeigt die Gruppe aus Großaspach ein Banner mit der Aufschrift „Die anderen 10.000 müssen schaffen". In Dresden richtet sie ihre Botschaft direkt an die schwarz-gelbe Szene. Auf dem Spruchband steht: „Könnt ihr bitte mal 2 Min ruhig sein? Damit man uns auch mal hört".

Verantwortlich für die grundsympathischen Aktionen ist das „Projekt Waldameise", wie sich der große Zusammenschluss des kleinen Häufchens SGS-Fans nennt. Zwischen 0 und 100 Unentwegte versammeln sich hinter dem Banner der Fauntenhauer.

Schon der Titel „Projekt Waldameise" ist Glückssache. Zur Namensfindung beschließt die Gruppe, blind in eine Zeitung zu tippen. Der kreisende Zeigefinger trifft ein Naturschutzprojekt. „Glück hatten wir trotzdem, denn der Artikel daneben bewarb ein bekanntes Abführmittel", berichtet ein Fansprecher. Auch die Einschätzung des eigenen Stadions zeugt von feinem Realismus. Der Sprecher betont, der Fauntenhau sei einzigartig, weil der Gästeblock doppelt so groß sei wie der Heimblock.

HARTE **4** FAKTEN

Eröffnung des Stadions: August 2011

Zuschauerrekord: 11.251

Solarpanele: 4.000 Quadratmeter

Unterirdische Wasserzisterne: 1,2 Mio. Liter Fassungsvermögen

Herrenackerstraße
Der erste Bundestrainer

Die Hälfte der insgesamt acht Bundestrainer stammt aus dem Südwesten – zwei aus Baden, zwei aus Württemberg. Den Schwaben Jürgen Klinsmann haben Experten sofort parat. Wer war gleich nochmal der andere? Es ist Otto Nerz, der erste Bundestrainer in der Geschichte des deutschen Fußballs. Nerz wird häufig nach Mannheim oder Berlin verortet, wo er lange gewirkt hat. Geboren ist er allerdings in der Herrenackerstraße in Hechingen. Gemeinsam mit elf Geschwistern wächst der spätere Volksschullehrer, Diplom-Sportlehrer und Mediziner in ärmlichen Verhältnissen auf. Der Vater hat ein Seilergeschäft, später verkauft er auch Bürsten und Schuhe. Als Otto acht Jahre alt ist, ziehen seine Eltern nach Mannheim.

Die Modernisierung der deutschen Nationalmannschaft in den 1920er-Jahren ist fraglos das Verdienst des kantigen Nerz, den man heute einen Schleifer nennen würde. Dabei führt er nur ein, was dringend geboten ist: Bewegungsschule und Konditionsarbeit. Für deutsche Verhältnisse revolutionär sind seine taktischen Ideen.

Er etabliert das WM-System, das mit der neuen Abseitsregel 1925 möglich wird. Nerz hat es bei seinem Erfinder, dem Arsenal-Trainer Herbert Chapman abgeschaut. In England! Unter Professor Nerz findet der deutsche Fußball erstmals zu internationalem Format. Bei der WM 1934 in Italien erreicht die Mannschaft den dritten Platz. Aber auch für den Vorrunden-K.o. bei den Olympischen Spielen 1936 in Berlin unter Hitlers Augen ist Nerz offiziell verantwortlich. Danach wird Nerz schrittweise von Sepp Herberger abgelöst. Nerz widmet sich seiner medizinischen Karriere. Sepp Herberger wird Reichstrainer.

Mitten im Krieg tauchen antisemitische Hetzschriften in der Nazi-Presse auf, die den Namen des ersten deutschen Bundestrainers tragen. Die Radikalisierung von Nerz bleibt angesichts seiner Biographie zwar merkwürdig, aber die Belege für den Sinneswandel des ehemaligen SPD-Mitglieds Nerz sind erdrückend. Nerz stirbt 1949 in russischer Gefangenschaft in einem Speziallager in Sachsenhausen.

HARTE 4 FAKTEN

Länderspiele unter Otto Nerz: 70

Davon Siege: 42

Stationen als Spieler: VfR Mannheim, TeBe Berlin

Stationen als Trainer: TeBe Berlin, Deutschland

Likos Kiosk

Kiosk des Ursprungs

Nichts hält länger als ein Provisorium, zum Beispiel Likos Kiosk neben dem Sportplatz auf dem Schlossberg. Natürlich hätten sich die Fußballer des Heidenheimer SB gerne ein Clubhaus gebaut. Aber die Stadt weigert sich, eine Genehmigung zu erteilen. Ein benachbarter Wirt, der im Stadtrat sitzt, stemmt sich mit allen Mitteln dagegen. Also begnügt man sich mit einem halboffiziellen Kiosk.

Liko, der Wirt des *Mohren* unten in der Stadt, kümmert sich um Wurst, Grillfleisch und Getränkevorräte. Die Fußballer und ihr Kiosk: Wenn nichts anderes geht, wird das Provisorium zum Kult. Das Licht in der Bude brennt nach dem Training bis Mitternacht.

Der Aufschwung des Heidenheimer Fußballs beginnt Mitte der neunziger Jahre. Der ehemalige Mittelstürmer Holger Sanwald wird Abteilungsleiter Fußball, sein Freund Liko, mit echtem Namen Ligor Senlikoglu, sein Stellvertreter. Als der große Fußball in Reichweite kommt, wird die Fußballabteilung zum eigenen Verein. Auch, um das Risiko für den Mehrspartenverein Heidenheimer SB zu begrenzen. 2014 steigt der 1. FC Heidenheim in die 2. Liga auf.

Unterdessen treibt Holger Sanwald den Stadionausbau voran. Der Architekt plant eine geschlossene Gegengerade. Dass der olle Kiosk weg muss, steht für ihn außer Frage. Aber der Baumeister ahnt nicht, dass es sich bei der Bretterbude um einen heiligen Ort handelt. „Da fehlen doch Plätze, das fehlt Euch nachher in der Kasse. Und die Konstruktion, die wird doch viel aufwändiger", argumentiert der Planer. Aber gegen einen heiligen Ort ziehen keine logischen Argumente.

Am Ende schneidet der Architekt ein großes Loch in die Tribüne, damit eine schnöde Bretterbude überlebt. Holger Sanwald sagt: „Der Kiosk ist die Seele unseres Vereins." Es ist der einzige Wurststand in deutschen Stadien, von dem man eine wundervolle Sicht aufs Spielfeld hat. Wie in alten Zeiten bleibt Likos Kiosk der Treffpunkt nach den Spielen. Das Licht in der Bude brennt meistens bis Mitternacht.

HARTE 4 FAKTEN

Aufstieg in die Oberliga Baden-Württemberg: 2005
Aufstieg in die Regionalliga Süd: 2008
Aufstieg in die 3. Liga: 2009
Aufstieg in die 2. Liga: 2014

Böckingen, Stadion am See
Die Seeräuber

Böckingen verhält sich zu Heilbronn wie Schalke zu Gelsenkirchen oder Waldhof zu Mannheim. Während der VfR Heilbronn gepflegt spielt, pflügen die Erzfeinde des FV Union Böckingen alles vom Feld, was nicht bei drei auf den Bäumen ist. Im Arbeitervorort Böckingen sind die Proleten am Start, so erzählt es das Klischee. Der bockige Arbeiterfußball hat seine Blütezeit zwischen den Weltkriegen. 1931 werden die Seeräuber Württembergischer Meister – vor großen Mannschaften wie dem VfB Stuttgart, den Stuttgarter Kickers und dem 1. FC Pforzheim. 1934 gelingt das Kunststück ein zweites Mal. Die Spieler mit dem Geißbock im Wappen machen sich überregional einen Namen. Reichstrainer Otto Nerz ist mehrfach zur Beobachtung am See.

Allerdings: Das Klischee hat viele Bruchstellen. Die Gegensätze werden schwarz-weißer gezeichnet, als sie wirklich sind. Schließlich findet auch der proletarische Arbeiterklub zahlungskräftige Geldgeber aus der Wirtschaft. In einzelnen Freundschaftsspielen laufen gemischte Mannschaften aus Union und VfR auf. Außerdem kommt es regelmäßig zu Spielerwechseln zwischen VfR und Union.

Diese Wechsel liegen nah, auch im geografischen Sinne. Der VfR spielt lange auf der falschen Seite des Neckars, also auf der Böckinger Seite. Böckinger und Rasensportler sehen sich regelmäßig. Das gilt auch für die Zuschauer, die tatsächlich erbittert verfeindet sind.

Das Heilbronner Derby belegt eindrucksvoll, dass Fanatismus und Ausschreitungen keine Erfindung der fußballerischen Neuzeit sind. Wenn es auf dem Platz hoch her geht, überträgt es sich stets auf die Ränge. Es gibt Raufereien und Platzstürme. Gegnerische Spieler werden bedroht. Nicht selten benötigt man die Polizei, um die Zuschauer wieder zu trennen. Damals ist noch unvorstellbar, womit die Geschichte eines Tages endet. Fast hundert Jahre später, im Jahr 2012 geschieht das Undenkbare: Der FV Union fusioniert mit den Kickern der anderen Neckarseite. Ewige Derbybilanz: 39 Siege für den VfR, 41 für die Seeräuber.

HARTE 4 FAKTEN

Württembergischer Meister: 1931, 1934

Union Böckingen – Offenbacher Kickers: 6:2 (1934)

Union Böckingen – FC Mühlheim/Ruhr: 6:3 (1934)

Waldhof Mannheim – Union Böckingen: 6:0 (1934)

Ehemalige Lederfabrik
Die kurze Geschichte des jüdischen Fußballs

Die Lederfabrik in der Weipertstraße gehörte zu den größten in ganz Deutschland. In ihren Werkstätten arbeiteten bis zu 280 Mitarbeiter. Die jüdische Inhaberfamilie Victor war in der Stadt hoch angesehen, sie unterstützte arme Bürger mit großzügigen Summen. Bis die Nazis an die Macht kamen. Doch die Juden in der Stadt konnten auf die Familie Victor bauen. Sie stellten den Grund und die Anlage für den Sportverein Schild.

Nur wenige Wochen nach der Machtübernahme begannen die bürgerlichen Vereine ihre jüdischen Sportler auszuschließen – teilweise in vorauseilendem Gehorsam. So unterstützten sie bereitwillig die Diskriminierung, die von den Nazis gewünscht war. In Heilbronn kam hinzu, dass die Nationalsozialisten den führenden Sportverein VfR komplett auflösten. Den jüdischen Sportlerinnen und Sportlern blieb überhaupt nichts anderes übrig, als einen eigenen Verein zu gründen.

Schild Heilbronn formierte sich im Dezember 1933. Die Mannschaft lief in Schwarz-Weiß auf – nicht zufällig in den Vereinsfarben des verbotenen VfR. Im Herbst 1934 wurde auf dem Gelände der Lederfabrik ein Sportplatz mit modernen Sanitäranlagen eingeweiht. In der Saison 1934/35 meldete Schild Heilbronn bereits fünf Mannschaften zum Spielbetrieb im jüdischen Fußball an.

Der eigene Verein war einer der wenigen Lichtblicke im jüdischen Leben der Stadt. Der systematische Nazi-Terror machte es Schild immer schwerer, den regelmäßigen Spielbetrieb auf die Beine zu stellen. Zudem verlor man mit steter Regelmäßigkeit Mitglieder durch Flucht ins Ausland. Trotzdem holte die erste Herrenmannschaft den dritten Platz in der Neckar-Staffel der Schild-Vereine. Nach den Olympischen Spielen in Berlin wurde der jüdische Sport noch stärker drangsaliert. Bei Schild Heilbronn flüchtete der Sportleiter. Wenig später rettete sich Gönner und Fabrikinhaber Otto Victor ins Ausland. Der Verein musste sich auflösen. Bis heute steht die Erinnerung an Schild als Symbol der Selbstbehauptung der Juden angesichts von Terror und Verfolgung.

HARTE
4
FAKTEN

Gründung: Dezember 1933

Sportlerinnen und Sportler bei der Gründung: 160

Erstes Spiel Schild Stuttgart — Schild Heilbronn: 5:2

Auflösung: Mai 1938

Food Court

Ein Präsident ganz nah an Gott

Hinterher behaupten manche Vereinspräsidenten, man müsse verrückt sein, wenn man einen solchen Job freiwillig antrete. Der Verein, der tatsächlich einen Präsidenten wählte, der im klinischen Sinne als verrückt gelten durfte, war der VfR Heilbronn. Die Präsidentschaft des Rainer Röhr war eine Mischung aus Komödie und Tragödie. Aufgeführt wurde das konfuse Stück zu Beginn der achtziger Jahre, als der selbsterklärte Messias aus dem Nichts auftauchte. Die bühnenreife Show dauerte vier Wochen.

Seine Behauptung, er hätte millionenschwere Sponsoren an der Angel, half ihm ins Amt. Stellvertreter fanden sich keine. Also herrschte Röhr wie Kaiser Nero. Die Millionen waren nur in seiner Einbildung vorhanden. Der Präsident versaute es sich zügig mit Abteilungsleitern und Ehrenamtlichen in der Geschäftsstelle und – was am Schlimmsten war – mit der Bank. Unverzüglich wollte das Institut die Kredite kündigen. Damit hätte die Insolvenz festgestanden. Doch Röhr ließ sich nicht beeindrucken und irrlichterte weiter durch Heilbronn. Es formierte sich zwar eine Opposition, aber die wurde via Zeitung sofort mit präsidialen Klageandrohungen überzogen. Röhr schloss mit den Worten: „Es käme ihm so vor, als wäre er für diesen Verein von Gott gesandt." Einige Tage danach kündigte er an, in die Politik einzusteigen.

„Dem Röhr stech' ich noch ein Messer in den Rücken", rief die Wirtin ihrem Präsidenten hinterher. Diese vorletzte Szene der vierwöchigen Realsatire spielte sich im VfR-Vereinsheim ab, dort wo heute der Food Court steht. Wenigstens hatte der Heilbronner Vereinsnero verstanden, dass er sich nicht mehr blicken lassen sollte.

In einer Sondersitzung gelang es einem Rettungskommando, den gottgleichen Herrscher zu entmachten. Der finale Akt spielte sich am innerdeutschen Grenzpunkt Mellrichstadt-Eußenhausen ab. Dort kontrollierten die Grenzer eine verwirrte Person, die mit Ordnern vom VfR Heilbronn in die DDR einreiste. Angeblich zur Entspannung. Seither fehlt von Rainer Röhr jede Spur.

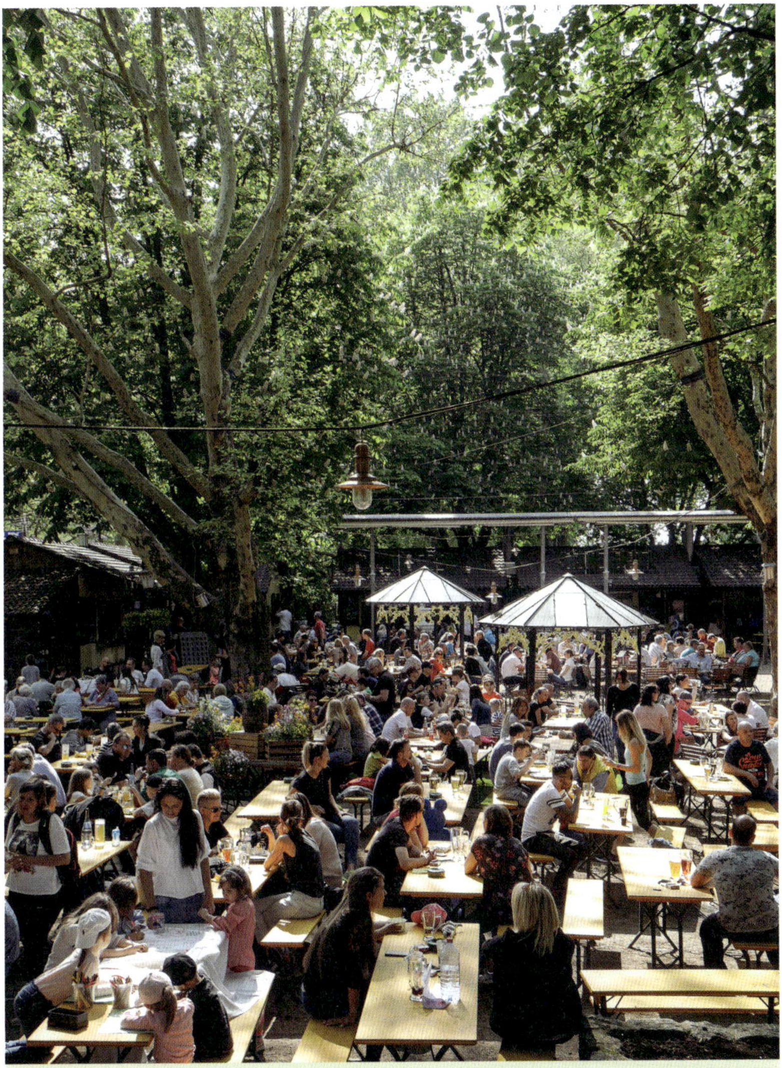

Wahl zum Vorstand: 13. Februar 1981

Schuldenstand zu diesem Zeitpunkt: ca. 500.000 DM

Daraufhin von Rainer Röhr engagierte Anwälte: 4

Abwahl: 13. März 1981

Frankenstadion

Das letzte Highlight vor der Finsternis

Wo in anderen Stadien Flutlichtmasten stehen, wurden im Frankenstadion Bäume gepflanzt. Beim letzten Stadionausbau hatte sich die Stadt kurzerhand die Beleuchtung gespart. Als hätten die Stadträte prophetische Fähigkeiten und schon frühzeitig gewusst, dass es irgendwann zappenduster wird mit dem Heilbronner Fußball und seinem VfR. Im Jahr 2003 wurden schlussendlich 107 Jahre Vereinsgeschichte wegfusioniert.

Finster wurde es allerdings schon beim letzten Highlight der Vereinsgeschichte, einem Freundschaftsspiel gegen Bayern München im September 1988. Der VfR gewann mit 2:1. Regelgerecht nach 88 Minuten Spielzeit, denn es war so dunkel, dass der Schiedsrichter die Eckfahnen nicht mehr erkennen konnte. Warum das Spiel so spät angepfiffen wurde, darüber kann man nur spekulieren. Vermutlich nahm man auf die Zuschauer Rücksicht an diesem Dienstag, der ein ganz normaler Werktag war. Überliefert ist lediglich, dass sich bald die Dämmerung übers Frankenstadion legte. Höchst überraschend war allerdings die Zwei-Tore-Führung, die der VfR schon bei bestem Tageslicht herausgeschossen hatte.

Tatsächlich drohte von den Bayern nur wenig Gefahr, von der Nacht schon. Auch die Notfallmaßnahme verfehlte ihre Wirkung. Große Feuerwagen erschienen an den Enden der beiden Kurven. Sie hatten riesige Scheinwerfer an Bord. Es waren die Wagen, die normalerweise bei nächtlichen Unfällen auf Autobahnen zum Einsatz kommen. Damit waren in der zweiten Halbzeit wenigstens die Strafräume beleuchtet. Weiter reichten die Lichtkegel allerdings nicht. „Wie eine Barbeleuchtung, nur nicht so gemütlich", kommentierte Bayern-Trainer Heynckes.

Olaf Thon netzte zwar noch einmal ein, aber der eine lichte Moment war für die Bayern zu wenig. Als Schiedsrichter Martikke vom Mittelpunkt aus die Tore nicht mehr sah, beendete er regelkonform die Begegnung. Nach dem Spiel war die rote Birne von Heynckes als kräftigste Lichtquelle auszumachen. Sein Spitzname *Osram* könnte an diesem Abend im Frankenstadion erfunden worden sein.

Gründung VfR Heilbronn: 1896

Fusion zum FC Heilbronn: 2003

Fusion zum FC Union Heilbronn: 2012

Wiedergründungen des VfR: 1946, 2018

Städtisches Stadion
Länderspiele in der grauen Spielzeit

Seit es die Bundesrepublik gibt, gilt die Gleichberechtigung. Nur der DFB bleibt gedanklich im Kaiserreich zurück. Die greisen Herren verbieten im Jahr 1955 allen Frauen das Kicken. Sie weisen die Vereine an, keine Damenfußball-Abteilung zu gründen, und drohen mit Sperren, falls Frauen auf vereinseigenen Plätzen Fußball spielen. Die Herren mit den dicken Brillen führen ästhetische Gründe ins Feld. Sie sorgen sich um die weibliche Anmut. Der Deutsche Städtetag ist dagegen auf Ballhöhe. Er sieht keine Probleme, wenn Frauen Fußball spielen.

Das DFB-Verbot bietet eine Marktlücke, die der geschäftstüchtige Josef Floritz erkennt. Floritz gründet 1958 die Deutsche Damen-Fußball-Vereinigung (DDFV) und veranstaltet Länderspiele – vorzugsweise in süddeutschen Städten, unter anderem in Aalen und Crailsheim, in Calw und Ravensburg, in Fellbach und Herrenberg. Floritz hatte in dieser sogenannten grauen Spielzeit des Damenfußballs vorzugsweise in Städten spielen lassen, die selbst die Platzhoheit besaßen. Andreas Gauß vom Gäuboten hat in den Archiven nachgeschaut und Zeitzeugen befragt. Seinen Nachforschungen zu Folge hatte beim ersten Länderspiel die Handballabteilung des VfL Herrenberg ihre Finger im Spiel. Strafen vom DFB waren also keine zu erwarten. 4.000 Zuschauer erschienen am 29. Juli 1958 zum Länderspiel gegen Holland.

Am Ostersonntag des Jahres 1959 fand das zweite Länderspiel in Herrenberg statt. Diesmal kamen 3.000 Zuschauer. Der Südwestfunk sendete am selben Abend eine Radioreportage. Nach dem dritten und letzten Spiel im Jahr 1961 meldete sich der Fußballabteilungsleiter: „Wir lehnen in Zukunft solche Länderspiele ab, weil wir immer seitens unseres Verbandes darauf angesprochen werden." Nachdem auch in anderen Städten immer weniger Zuschauer zu den DDFV-Spielen kommen, verliert sich einige Jahre später die Spur des Damenfußballverbandes. Der Sinneswandel im DFB lässt noch auf sich warten. Erst im Herbst 1970 wird das Verbot des Frauenfußballs aufgehoben.

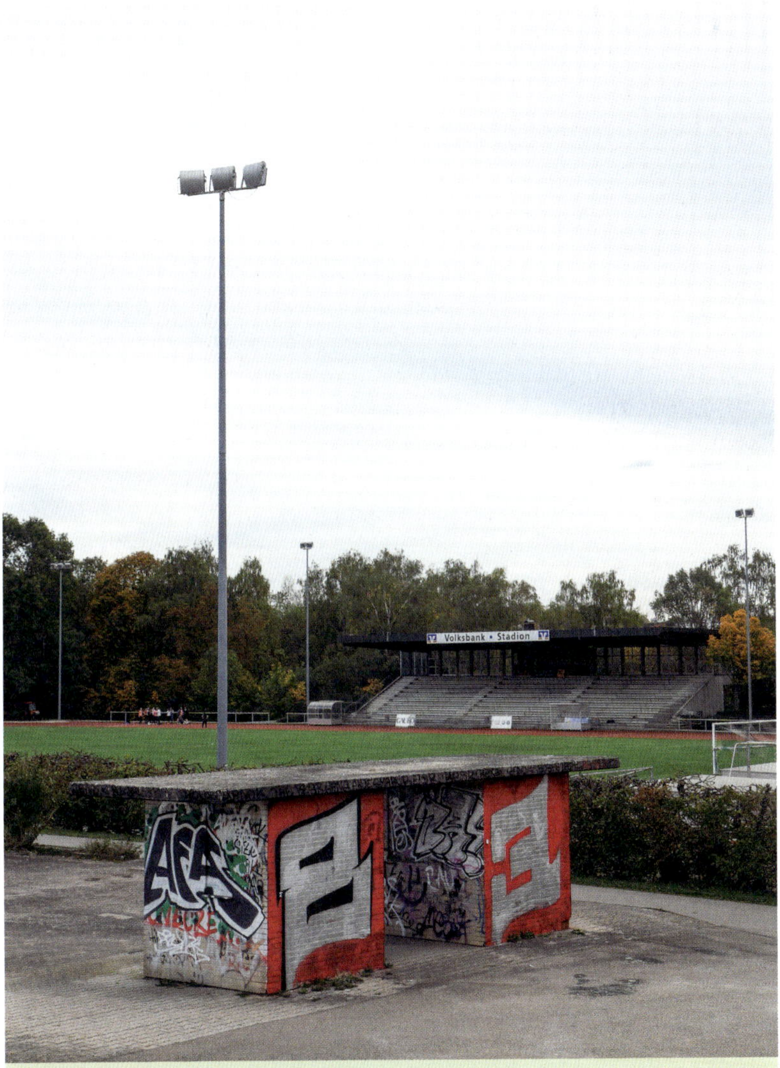

29. Juli 1958, Deutschland — Holland: 9:2

29. März 1959, Deutschland — Holland: 3:0

13. August 1961, Deutschland — Österreich: 7:0

13. August 1961, VfL Herrenberg — TSV Döffingen: 2:6

Karl-Koch-Halle
Nicht nur Ballaballa

„Wenn wir spielen, dann richtig – und nicht nur ein bisschen Ballaballa", sagt Andreas Sigle, seit Jahrzehnten Vorstand des TKC 71 Hirschlanden. TKC steht für Tipp-Kick-Club. Die Erfolge des Clubs sprechen für sich: unter anderem dreimal Deutscher Meister, zweimal Vize, viermal Pokalsieger. Daneben steht eine fast unüberschaubare Zahl an Einzeltiteln zu Buche. Kein Zweifel: Tipp-Kick ist in Hirschlanden das große Ding.

Angefangen hat alles 1971 im Wohnzimmer der Familie Sigle, wo sich einige Jungs regelmäßig zum Turnierspielen trafen. Man blieb unter sich. Wer mitmachen wollte, musste spielerisch und charakterlich passen, erinnert sich Sigle. „Und auch der Musikgeschmack war wichtig. Mit Schlagern hattest Du keine Chance." Als jedoch Ausbildung und Bundeswehr anstanden, zerstreuten sich die Jungs. Jahre später die zweite Initialzündung. „Plötzlich gab es neue Tore mit richtigen Netzen", sagt Sigle, „da hat es wieder richtig Spaß gemacht." Diesmal machte die Tipp-Kick-Clique keine halben Sachen. Der TKC wurde offiziell ins Vereinsregister eingetragen. Beim ersten Freundschaftsspiel gegen Möhringen verschwanden letzte Vorbehalte gegen die offiziellen Verbandsspielregeln. In einer außerordentlichen Mitgliederversammlung im Café Sigle wurde beschlossen: Wir melden uns zu den Verbandsspielen an. Die Erfolgsgeschichte begann jetzt erst richtig.

Längst gehört der TKC zu Hirschlanden wie der Pfarrer zur Kirche. Die gesamte Region ist stolz auf ihre Deutschen Meister. Die Lokalzeitungen schreiben regelmäßig. TV-Sender berichten bei großen Ereignissen aus der Karl-Koch-Halle.

Auch in Zeiten des eSports verliert Tipp-Kick nichts von seiner Faszination. Im Gegenteil: Facebook produzierte einen Werbespot mit den Tipp-Kickern. Der Club kümmert sich intensiv um die Jugendarbeit. Inzwischen gibt es im Tipp-Kick-Sport sogar eine Lex Hirschlanden. Sie besagt, dass drei Mannschaften eines Vereines in der Bundesliga spielen dürfen. Hirschlanden macht's möglich.

HARTE 4 FAKTEN

Deutscher Meister: 2009, 2010, 2013
Deutscher Pokalsieger: 1992, 2001, 2002, 2014
Spieldauer einer Begegnung: 2 x 5 Minuten
Anzahl der Ecken eines Tipp-Kick-Balles: 12

Hollenbach

Stadion Greut
Für Jagst und Kocher

Wer zum Auswärtsspiel nach Hollenbach reist, muss zeitig aufbrechen. Von Württemberg aus gesehen, liegt das 500-Seelen-Dorf extrem nördlich. Kaum was los hier oben. Die Hohenloher Ebene ist nur spärlich besiedelt. Trotzdem spielt Hollenbach überregional eine starke Rolle im Fußball. Der Besucher erkennt schon von weitem den Standortvorteil des kleinen Örtchens. Rechts drüben auf der Höhe stellen zwei riesige Unternehmen alle anderen Häuser in den Schatten: der Motoren- und Ventilatorenhersteller EBM-Papst und die Jako AG.

Ein schlauer Professor hat ausgerechnet, dass in keinem anderen Landkreis so viele Weltmarktführer zu Hause sind wie im Hohenlohischen, freilich an der Einwohnerzahl gemessen. Kein Wunder, dass der Fußball profitiert. Insbesondere der FSV Hollenbach.

FSV-Sponsor Jako trägt die regionalen Komponenten schon im Namen. Ja steht für Jagst, Ko für Kocher. Der ehemaligen Würzburger Zweitligaprofi Rudi Sprügel wollte ursprünglich nur die Vereine seiner Heimat mit Teamsportartikeln versorgen. Aber so sind sie halt in Hohenlohe: Wenn schon, dann richtig. Inzwischen liefert Jako in fünfzig Länder. Die Marke steht bei Championsleague-Teilnehmern auf den Trikots. Das Sponsoring für den kleinen FSV auf dem Hügel gegenüber nimmt sich vergleichsweise bescheiden aus. Aber es wirkt.

In der Saison 1998/98 trifft Hollenbach in der Kreisliga A mehr als hundert Mal ins gegnerische Tor. Seitdem geht's aufwärts am Greut, dem Sportplatz, der natürlich längst als Jako-Arena firmiert. 3.500 finden offiziell Platz, das Siebenfache der Einwohnerzahl Hollenbachs. 3.300 sollen tatsächlich schon da gewesen sein, schreibt der Verein. 2015 tritt die Steuerfahndung den weiten Weg nach Hollenbach an. Aber die Folgen der kreativen Buchführung sind schnell verdaut. Längst ist der Fußball-Sport-Verein von 1970 im gepflegten Amateurfußball des Landes etabliert. Als nördlichste Destination Württembergs ist das kleine Dorf eine feste Größe. Man muss nur früh aufstehen.

HARTE 4 FAKTEN

Aufstieg in die Bezirksliga Hohenlohe: 1999

Aufstieg in die Landesliga Württemberg: 2000

Aufstieg in die Verbandsliga Württemberg: 2007

Aufstieg in die Oberliga Baden–Württemberg: 2010

Haslachmühle

Skandalplakat

Vom Anfang über Özil bis zum bitteren Ende: Alles, was bei der WM 2018 für den DFB schief gehen konnte, ging schief. Und zwar gründlich. So geriet auch Horgenzell in die Schlagzeilen – und die Haslachmühle, wo Kinder und Jugendliche mit Hör-Sprach-Behinderungen und einer zusätzlichen geistigen Behinderung lernen und leben. Und das kam so:

Seit der WM 2010 produziert die *Mühlezeitung* ein Plakat mit den Namen der deutschen Spieler in Gebärdensprache. Die Idee ist so hilfreich, dass sie mit dem Deutschen Preis für Fußballkultur ausgezeichnet wurde. Weil das Plakat rechtzeitig erscheinen muss, wird es gedruckt, bevor der Kader feststeht. Natürlich mit einem erklärenden Hinweis. Vier Turniere lang überhaupt kein Problem. Aber dann gibt der DFB im Trainingslager Eppan eine Pressekonferenz. Ein Journalist will wissen, warum auf dem Horgenzeller Plakat 23 Spieler abgebildet sind. Er hatte es auf der DFB-Website entdeckt. Oha! Zu diesem Zeitpunkt hoffen noch 27 auf die Teilnahme. Den erklärenden Hinweis auf dem Plakat hatte der DFB auf seiner Website höchstselbst abgeschnitten. Stand etwa schon fest, welche vier Spieler gestrichen wurden? Wurde diese wichtige Info ausgerechnet der Mühlezeitung durchgesteckt? Oliver Bierhoff ist angesäuert. Seine unsouveräne Reaktion erhärtet den Anfangsverdacht. Am Nachmittag rauscht das Plakat durch alle Medien. Dass nichts dran ist, ahnte jeder. Egal. Weil der DFB die Schotten hochzieht, nehmen die Journalisten jede Story, die sie kriegen können.

Es dauert nicht lange, dann sind alle wieder locker – nur der DFB nicht. In einer E-Mail an die *Mühlezeitung* bittet ein Verantwortlicher darum, dass man den Verband im Zusammenhang mit dem Plakat nicht mehr nennen möge. Projektlehrer Daniel Fabian muss seine Schüler beruhigen, die natürlich denken, sie hätten einen Fehler gemacht. Doch der Fehler liegt klar beim DFB. Auf Erklärungen oder gar Entschuldigungen von Seiten des Verbandes warten die Jugendlichen bis heute. Warum sich der DFB von der Aktion distanziert, bleibt rätselhaft. Wenn man eine WM verkorkst, dann eben gründlich.

HARTE 4 FAKTEN

Gebärde für Lachen: Thomas Müller

Gebärde für Langsam: Philipp Lahm

Gebärde für Neu: Manuel Neuer

Gebärde für Schwein und Klettern: Bastian Schweinsteiger

Stadion an der Jesinger Allee
Der Taktik-Revoluzzer

Mit dem Aufstieg in die Oberliga Baden-Württemberg begann im Jahr 1986 die beste Phase unter der Burg Teck. Ein Aufstieg in die dritthöchste Spielklasse ist zwar kein großes Ding. Trotzdem war der Erfolg richtungsweisend für den Fußball in Württemberg und ganz Deutschland. Der Grund: Unter Trainer Helmut Groß spielte der VfL Kirchheim/Teck bereits mit einem ballorientierten System. Im taktisch rückständigen Deutschland, in dem die Manndecker ihren Gegenspielern bis in die Kabine folgen, setzt sich das neue, bessere Spielsystem erst zwanzig Jahre später durch.

Der Taktik-Revoluzzer musste später immer wieder erklären, warum er damals nicht Bundesligatrainer wurde. Der Schwabe Groß mochte die Sicherheit, die ein guter Ingenieur hatte, der im Regierungspräsidium in der Abteilung Brückenbau angestellt war.

Bereits bei seiner vorigen Station, dem SC Geislingen, hatte er seinen Spielern erklärt, wie man mit mehr Flexibilität Überzahl in Ballnähe erzielen konnte. Auch bei der Videoanalyse war Groß weit vorne. Er profitierte von einem frühen TV-Kabelprojekt, kaufte sich zwei Videorekorder und studierte Begegnungen ausländischer Ligen. Außerdem war Groß mit Ralf Rangnick befreundet. Die Beiden standen jeden Januar als Kiebitze in der Sportschule Ruit und analysierten, wie Dynamo Kiew die Ballorientierung übte. Danach legten sie erstmals Lehrsysteme für die ballorientierte Raumdeckung vor.

Mit diesen Ideen übernahm Helmut Groß den VfL Kirchheim/Teck im Jahr 1985. Bereits in der ersten Saison stiegen die Blauen auf. Der Gegner in der Relegation hatte bereits die Aufstiegsparty organisiert. Ein Kirchheimer Spieler sagte später, es wäre schon fast unfair gewesen, weil die Südbadener nichts wussten vom neuartigen Spielsystem. Nach seiner Zeit in Kirchheim wurde Groß Jugendkoordinator beim VfB Stuttgart. Später folgte er seinem Kumpel Rangnick an viele Stationen – unter anderem nach Hoffenheim und Leipzig. Der VfL Kirchheim/Teck konnte sich ein Jahrzehnt in der Oberliga halten.

HARTE
4
FAKTEN

VfL Kirchheim/Teck — TuS Lörrach-Stetten:
2:1 (Relegation OL 1986)
Zuschauer: 3.000

TuS Lörrach-Stetten — VfL Kirchheim/Teck:
0:3 (Relegation OL 1986)
Zuschauer: 2.000

Kleinaspach

Sonnenhof

Echt wie eine Plastikpalme

Ob der Vergnügungskomplex, nach dem die SG Sonnenhof benannt ist, einen Besuch wert ist, liegt im Auge des Betrachters. Oder besser gesagt: im Gehör. Die geschmacklich einwandfreien Noten zuerst: Im Stadl-Restaurant schmaust man ausgezeichnet. Sogar die Chance auf einen Promi-Punkt ist intakt. Mit etwas Glück wird man von der Gastgeberin empfangen. Sie ist die Frau des Spielerberaters Uli Ferber und ist besser bekannt unter dem Künstlernamen Andrea Berg. Aufgeschlossenen Gästen serviert die Berg einen selbstgebrannten Hochprozenter als Digestif.

Weniger klare Eindrücke gewinnt der nüchterne Besucher in den anderen Räumen des Holiday Parks für Mitfuffziger. Man trifft wenige, die das nur solala finden. Die feierlaunigen Gäste fühlen sich wie im Mittelpunkt der Welt. Wer seine Hände nicht zum Himmel strecken mag, geht als Fremder.

Im Parkhaus sind alle Kennzeichen Süddeutschlands vertreten. Die Fans kommen von weit her. Sie wählen zwischen dem Kulttreff *Dorfdiele,* dem Hüttenfieber im *Almenrausch,* der Party in der *Hazienda* oder dem Tanztreff *Edelweiß.* Voll ist's überall. In der *Hazienda* hüftschwingen drei rüstige Herren um die Wette. Minipli sitzt. Brustbehaarung gezwirbelt. Oberlippenbärte tiptop. Dreimal Tony Marshall. Dreimal goldenes Tanzsport-Abzeichen. Hasardeure der Schlagerszene. Selbst die Plastikpalmen lächeln. Über Geschmack soll man nicht streiten.

Was das Ganze mit Fußball zu tun hat: In diesem Etablissement formierte sich einst eine Freizeitmannschaft, in der Kellner, Künstler und andere Sonnenhof-Angestellte ihren Spaß hatten. Und weil der Chef des Ganzen, Uli Ferber, auch als Spielerberater erfolgreich war, dominierte das Team die lokale Freizeitliga nach Belieben. Selbst Ralf Rangnick soll einige Male mitgespielt haben. Schließlich fusionierten die Seriensieger 1994 mit der SpVgg Großaspach. Uli Ferber und sein Management kümmerten sich ein wenig – und ein wenig mehr. Der Aufstieg der SG Sonnenhof Großaspach war nicht zu stoppen.

HARTE 4 FAKTEN

Gipfeltour: die Après-Winterparty mit DJ Ötzi

Malle-Party: mit Mia Julia zum Maitanz

Schnuppertag: mit dem Nockalm Quintett

Schlagerparty: mit Vanessa Mai

Laupheim

Olympia-Stadion
Der Sonnenkönig

Eigentlich wollte der Fünftligist FV Olympia Laupheim gerade ins Wintertrainingslager zu Real Madrid aufbrechen. Kurz vor dem Aufbruch platzte die Bombe. Präsident und Geldgeber Erlfried König wurde auf dem Stuttgarter Flughafen in Handschellen abgeführt. Der FVO fiel aus allen Wolken. Dabei war dieser König doch ein freundlicher und zurückhaltender Typ.

Als Vorstand organisierte er den bevorstehenden Aufstieg, hatte eine eigene Vermarktungsagentur (ISMM) und veranstaltete Freundschaftsspiele. Unter anderem holte er den FC Bayern zum hundertjährigen Jubiläum des FV Olympia von 1904. Dabei musste Oliver Kahn zweimal hinter sich greifen. Trainer Magath machte sein Konditionstraining für die miserable Leistung verantwortlich. 2:0 für Laupheim. Mehr als 10.000 Zuschauer waren dabei. Ganz Oberschwaben hatte hohe Temperatur. Diagnose: Fußballfieber.

Doch das Geld, das König in den Verein steckte, hatte er nicht selbst erwirtschaftet. Es stammte von seinem Arbeitgeber Uhlmann Pac-Systeme, bei dem er es als IT-Manager unterschlagen hatte. Er musste nur regelmäßig seinen eigenen Firmen Aufträge geben. Bis zu einer Höhe von 20.000 Euro benötigte er keine zweite Unterschrift eines anderen Managers. Rund 60.000 Euro pro Monat zweigte er ab.

Bei seiner Verhaftung besaß der Hochstapler einen Verein, drei Luxuskarossen, eine Yacht und eine prächtige Villa mit goldenen Wasserhähnen. Er war gerade dabei, einen Vermarktungsvertrag mit Miroslav Klose abzuschließen. Erlfried König saß viereinhalb Jahre Out of Laupheim, verurteilt wegen Unterschlagung von 1,6 Millionen Euro.

Tatsächlich war der Königsschwindel so dilettantisch organisiert, dass er vergleichsweise zügig aufflog. In einer erstaunlichen Gemeinschaftsaktion gelang es dem FV Olympia, die Insolvenz abzuwenden. Die kurze Episode soll allerdings keinesfalls darüber hinwegtäuschen, dass der FV Olympia ein solide geführter Traditionsklub ist, der seit langem einen Stammplatz in den oberen Klassen des Amateurfußballs innehat.

HARTE 4 FAKTEN

FV Olympia Laupheim — FC Bayern München: 2:0 (2004)

Zuschauer: 11.000

Geschätzte Betrugssumme: 4 Mio. Euro

Ex-ISMM-Kunden: Timo Boll, Ricco Groß

Sportplatz
Verstärkung aus Übersee

Wer es kann, macht aus einem Fußballticker große Literatur. Der Amateurfußball ist im Vorteil: Je niedriger das Spielniveau, desto feiner dürfen die Formulierungen sein. Der berühmteste Tickereintrag Württembergs stammt aus der Kreisklasse B1 Unterland. Am Morgen des 30. Mai 2017 melden die Frühaufsteher vom Tickerteam TSV Lehremy einige frische Verstärkungen aus Übersee.

Auf dem Foto erkennt man eine Dreierkette aus astreinen Kawenzkarpfen. Auf die Nachfrage, ob man am Nachmittag spielen könne, gibt der Ticker zu bedenken, dass die Neuzugänge noch zum Medizincheck müssen. Prompt weist jemand darauf hin, man möge sich um Pässe kümmern.

Wie es sich für den Ticker gehört, entspricht jedes Wort der Wahrheit. Mit Übersee ist der kleine Tümpel wenige Meter oberhalb des Platzes gemeint. Sein Ablauf ist der Wolfsgurgelbach, der unter dem Sportplatz hindurch führt – an allen normalen Tagen. Sturzregentage ausgenommen. Dann schwemmt der Ablauf der großen Regenrückhaltepfütze zu und der See entwässert oberirdisch, eigenverantwortlich, direkt in den Strafraum.

Das konnte nicht gut gehen: Wasser- und Wortspielalarm in Lehrensteinsfeld! Natürlich wurde gestaunt, welch dicke Fische der kleine TSV an Land gezogen hatte. Groß war auch die Freude von Pascal Gottschall, Lars Steinle und Mike Schweikert, die den Ticker des TSV Lehrensteinsfeld betreiben. Wenn die drei Freunde nicht auf internationaler Groundhoppingtour unterwegs sind, stehen sie voll und ganz auf „Support your local football club".

Wer aus unerfindlichen Gründen einen TSV-Spieltag auslassen muss, genießt den Info-Service. Per Ticker wird man über das aktuelle Geschehen auf dem Laufenden gehalten. Und auch auf dem Platz informieren sich manche Zuschauer via Ticker, um nachzulesen, was sie verpasst haben beim Bierholen oder -wegbringen. So ist das eben mit den Kreisklasseickern. Während die Mannschaft in der Sicherheitsliga festhängt, geht das Tickerteam mit nur einem einzigen Post durch die Decke.

HARTE
4
FAKTEN

Tickerteam TSV Lehremy: 3 Personen

Platzierung TSV Lehrensteinfeld in der Saison 2017/18: Dritter

Höhenunterschied zwischen Platz und See: etwas mehr als 3 m

Verstärkungen aus Übersee: 3

Ludwigsburg

Ludwig-Jahn-Stadion

Elfmeterschießen — wer hat's erfunden?

27. Mai 1967. Württembergischer Vereinspokal, 2. Runde. SpVgg 07 Ludwigsburg gegen 1. FC Normannia Gmünd 5:3. So stand es in der Zeitung. Mit keinem Wort wurde erwähnt, dass es sich um ein historisches Spiel handelte. Aus heutiger Sicht ist sogar das Ergebnis falsch wieder gegeben. 12:9 n.E. würde man heute notieren. Tatsächlich wurde das Spiel im Elfmeterschießen entschieden.

Vermutlich war es eine Premiere: das erste Elfmeterschießen auf höherer Ebene in Deutschland. Das merkwürdige Resultat war dem Modus geschuldet. Man tastete sich noch an den heute üblichen Ablauf heran. Damals in Ludwigsburg schossen erst die Gäste fünf Elfer am Stück, dann die Ludwigsburger. Weil es dann 7:7 stand, durfte erst Normannia nochmal fünf schießen, dann die 07er. So kam das 12:9 für Ludwigsburg zustande.

Die historische Begegnung wurde vom Fußballhistoriker und Normannia-Fan Hansjürgen Jablonski ausgegraben. Er widerspricht der Legende, wonach ein Schiedsrichter namens Manfred Wald das Elfmeterschießen erfunden hätte, indem er das Verfahren 1970 im Bayrischen Fußballverband etablierte. Diese Legende wurde auch in einem Buch dieser Reihe übernommen. Fest steht: Im Jahr 1970 hatte das Ludwigsburger Elfmeterschießen schon drei Jahre auf dem Buckel.

Jablonski stellt fest: „Das Elfmeterschießen hat viele Väter, aber sicherlich keinen klassischen Erfinder." Nach seinen Forschungen hatte der Württembergische Verband schon 1965 den Münzwurf abgelöst, in dem er bei Bezirkspokalen die Entscheidung vom Punkt einführte. Jablonski verweist auch auf Italien, wo 1965 Inter Mailand nach Elfmetern ins Pokalfinale einzog. Er erwähnt das Penalty-Schießen beim Schweizer Uhrencup 1962 und entdeckte, dass es in den frühen fünfziger Jahren im jugoslawischen Pokal Elfmeter statt Münzen gab. Abschließend stellt Jablonski fest: „In Deutschland gebührt das Lob, dem Münzwurf den Garaus gemacht zu haben, tatsächlich den Württembergern." Im Ludwig-Jahn-Stadion feierte es seine offizielle Premiere.

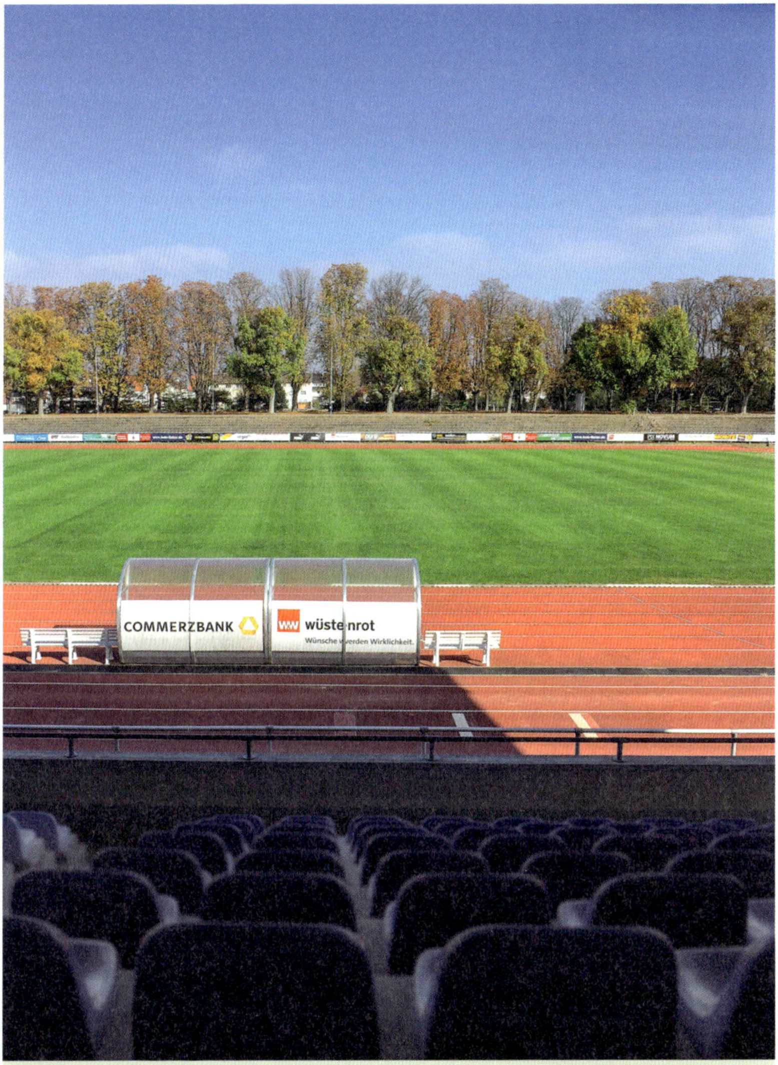

SpVgg Ludwigsb. – 1. FC Norm. Gmünd: 3:3 (n. regul. Spielzeit)

SpVgg Ludwigsb. – 1. FC Norm. Gmünd: 3:3 (n. V.)

SpVgg Ludwigsb. – 1. FC Norm. Gmünd: 7:7 (n. je 5 Elfern)

SpVgg Ludwigsb. – 1. FC Norm. Gmünd: 12:9 (n. weiteren je 5 Elfern)

Blumersberg
Die Bolivianer Württembergs

962 Meter über Meereshöhe liegt der Sportplatz auf dem Blumersberg. Damit darf er als höchster Fußballplatz Württembergs gelten. Sauerstoff wird jedoch selten knapp. Meistens zieht ein frischer Wind um den Berg. Es weht von allen Seiten. Dort droben ist es stets fünf Grad frischer ist als im Tal (vulgo: arschkalt).

Leider wird das traditionsreiche Spielfeld bald verschwunden sein. Wo die Aussicht am schönsten ist, plant die Stadt einen großzügigen Spielplatz. Der FV Meßstetten spielt sowieso viel lieber dort, wo die Infrastruktur besser ist: gegenüber des Vereinsheims, einige Höhenmeter tiefer.

Zu den Traditionsplätzen gehört der Blumersberg auch aus einem anderen Grund. Dort oben ist der Ursprung eines der ältesten Elfmeterturniere des Landes. Seit 1988 werden die Sieger in dieser Sonderdisziplin ermittelt, die so erfreulich wenig Laufbereitschaft fordert. Für die Vereinskasse ist das praktisch: Wer weniger laufen muss, kann mehr trinken – so lautet das Erfolgsrezept der Veranstaltung, die seit 1988 bestens funktioniert. Auf dem Platz neben der Schafweide wurden zu den Turnieren vier Tore aufgestellt. Die Ecken des Spielfelds wurden zum Biergarten umfunktioniert.

Teilweise meldeten sich über 70 Herrenteams und mehr als 20 Damenteams an. Trotzdem wurde das Programm an einem Abend durchgezogen. In vier Stunden wurden über 2.500 Elfmeter verwandelt – oder auch nicht. Fünf Schützen traten pro Begegnung an. Nur die Torhüter kamen außer Atem. Die Sieger erhielten die Pokale. Die Letzten nahmen eine rote Laterne in Empfang.

Um das Niveau einzuordnen, hilft ein Streifzug durch die Siegerlisten. Zum Beispiel 1994 bei den Damen: 1. Cool Runnings, 2. Querschläger, 3. Nusplinger Damen. 2003 gewannen bei den Herren das Team Epfelbutza vor NK Deutschland und den Eiskalten. Im selben Jahr siegten bei den Damen der FC Frauenknast vor TreffNix und den Soccer Mamis. Eher selten vorne zu finden: das 500-Kilo-Team, die Grasverdapper, Barfuß Kairo und die Alkoholiker Heinstetten.

HARTE
4
FAKTEN

Höchste Erhebung der Schwäbischen Alb: 1.015 Meter

Höchster Sportplatz: 962 Meter

Gründung FV Meßstetten: 1931

Einwohner Meßstetten: rund 10.000

Kreisverkehr Eichbergstraße

Der Ballkünstler

Mehr Kreisverkehre, weniger Ampeln – dann fließt der Verkehr. Das Problem des Verkehrskreises lauert in seiner Mitte, wo eine Brache entsteht, mit der man nichts anfangen kann. Da trifft es sich gut, dass Kunst im öffentlichen Raum einen schwierigen Stand hat. Große Installationen gefallen zwar auf Ausstellungen. Aber danach weiß der Stadtkämmerer oft nicht, wohin mit den wertvollen Gegenständen. Wo stört's am wenigsten? Ab damit in den Kreisverkehr, sagen die Verkehrsplaner. Das hilft den Autofahrern, sie können die Kreuzung schon von weitem wahrnehmen.

Württemberg ist eine Hochburg der Kreiselkunst. Das Fachportal kunstimkreisverkehr.de listet mehr als 200 Werke auf. Viele bleiben in ihrer künstlerischen Aussage rätselhaft. Manches wirkt, als wäre ein Bürgermeister einem geltungsbedürftigen Kunstlehrer einen Gefallen schuldig gewesen. Andere Skulpturen machen einfach nur sprachlos. In Plochingen steht ein zwei Meter hohes künstliches Hüftgelenk im Kreisverkehr. Ein Mahnmal für Spätfolgen des Kickens?

Ganz anders in Metzingen. Hier fand zusammen, was zusammen gehört: Fußball und Kunst. Bedeutung und Ort. Ästhetik und Aussage. Auf dem Kreisverkehr vor dem Otto-Dipper-Stadion steht die Installation „3 Gladiatoren" von Michael Klebs.

Von wegen der Ball ist rund. Die Metallplatten, mit denen Klebs halbe Bälle formte, haben ihre Ecken und Kanten behalten. Die Fußballkunst ragt runde sechs Meter in die Höhe. „Der Künstler kann nicht klein", erklärt Brigitte Kuder-Bross, die als Galeristin an der Entstehung beteiligt war. Kuder-Bross erinnert sich an eine Ausstellung der Stadt Metzingen zum Thema Kunst und Sport. Daraufhin hat Klebs, der gerne mit Metall arbeitet, die drei Gladiatoren entworfen.

Bei der Kreiselkunst handelt es sich um eine bedrohte Kunstform. Inzwischen sorgen sich Sicherheitsexperten um die Unfallgefahr. Manche Werke wurden bereits entfernt. Hoffentlich kann die große Kunst von Klebs noch lange stehen.

HARTE
4
FAKTEN

Titel: 3 Gladiatoren
Künstler: Michael Klebs
Material: Metall
Jahr der Installation: 2006

Neuhausen, Metzinger Straße
Treffpunkt der Torhüter

Bis Gebhard Reusch seine Firma an ein Konsortium verkaufte, brachte er jährlich bis zu 350.000 Torwart-Handschuhe an Torhüterinnen und Torhüter. Sepp Maier und Reusch gelten als Väter der modernen Handschuhe. Gewiss gab es spezielle Produkte schon zuvor. Aber Reusch und Maier fügten den wassersaugenden Wollhandschuhen, die im besten Fall noch mit Tischtennisnoppen versehen waren, ein entscheidendes Merkmal hinzu: Latexschaum. Diese Beklebung dämpfte den Aufprall des Balles. Darüber hinaus entwickelte Reusch eine Methode zum vollflächigen Bekleben der Innenseiten.

Im Resultat entstand ein Produkt, bei dem die Torhüter das Gefühl bekamen, der Ball würde bei der ersten Berührung an ihren Fingern haften. Maier wird nachgesagt, seine Extraklasse sei im Wesentlichen den Handschuhen geschuldet. Notwendig wurde diese Erfindung durch die Plastifizierung der Bälle. In den siebziger Jahren wurden die Kugeln glitschiger. Handschuhe waren ein Wettbewerbsvorteil.

Das hatte sich in der Branche rumgesprochen. In Metzingen gaben sich Bundesligatorhüter die Klinke in die Hand. Gebhard Reusch hatte für jeden eine eigene Passform. Rudi Kargus, Wolfgang Kleff, Wolfgang Franke – alle trugen Reusch. Sie pilgerten in die Metzinger Straße in Neuhausen, um ihre kostbaren Hilfsmittel persönlich abzuholen und Verbesserungen mit Gebhard Reusch abzusprechen.

So widerstandsfähig wie heute waren die Modelle jedoch nicht. Das führte dazu, dass die Torhüter mit Herrenhandtäschchen aufs Spielfeld kamen. Es waren Handschuh-Handtäschchen. Manche Exemplare waren bereits nach einer Viertelstunde im Eimer. Aber Reusch wäre nicht Reusch, wenn er nicht selbst für die Abschaffung der Täschchen gesorgt hätte. Ihm gelang es als Erstem, Produkte zu produzieren, die die vollen 90 Minuten durchhielten. Nur eines ärgert den Erfinder. Er bedauert, dass sie für die Idee mit dem Latexschaum kein Patent beantragt hatten. „Wenn wir das getan hätten", so Reusch, „wäre Sepp Maier heute ein reicher Mann."

HARTE 4 FAKTEN

Kennzeichen auf den Handschuhen von Sepp Maier: S

Kennzeichen Wolfgang Kleff: W

Kennzeichen Rudi Kargus: R

Kennzeichen Ubaldo Fillol: F

Murrhardt

Hotel Sonne-Post
Motivation aus der Küche

Dass die Polen die Betten der Sonne-Post wochenlang belegten, war eine große Überraschung. Sie waren als Außenseiter angereist. Längst nicht so belächelt wie Haiti. Aber auch nicht favorisiert wie Italien oder Argentinien. Gegen diese drei Mannschaften spielten sie in der Vorrunde der WM 1974. Als Quartier kam also nur eine Herberge in der Nähe der Spielorte in Frage, das waren München und Stuttgart. Alt-Bundestrainer Sepp Herberger empfahl die Sonne-Post.

Bei der Besichtigung fühlten sich die Polen sofort heimisch. Murrhardt liegt tief eingeschnitten im Schwäbisch-Fränkischen Wald. Die Voraus-Delegation erinnerte sich an Urlaube in Zakopane. Gegen die Küche von Spitzenkoch Albert Bofinger war ebenfalls nichts einzuwenden.

Mitten im Kalten Krieg fieberte ganz Murrhardt mit ihren Polen. Reporter, Fans und Sicherheitskräfte füllten die Straßen. Hotelmanagerin Erika Bofinger hatte bei den örtlichen Fußballexperten um Rat gefragt. „Die kommen nicht weit", wurde ihr versichert.

Die polnischen Gäste belegten alle 47 Zimmer. Obst stand hoch im Kurs. Ein Stuttgarter Sponsor lieferte täglich eine frische Großportion. Nur beim Telex waren die Gäste anspruchsvoll. Die Rolle durfte keinesfalls ausgehen, damit die filigranen Buchstabenkunstwerke vollständig ankamen. Während das Telex arbeitete, nahmen die Spieler den Weg über den Balkon. Man erzählte sich, dass die offensiven Polen in den Kneipen nachts selbst das Licht ausgemacht hätten.

Plötzlich stand die Überraschungsmannschaft im Halbfinale. Murrhardt im Ausnahmezustand. Lediglich Hotelmanagerin Erika Bofinger hatte Sorgen. Sie hatte die Zimmer in der letzten Turnierwoche anderweitig vergeben – unter anderem an den baden-württembergischen Ministerpräsidenten Hans Filbinger. Weil es gegen Deutschland ging, wollte der polnische Verband sogar einen Koch aus der Heimat einfliegen. Aber Trainer Kazimierz Gorski wehrte sich. Auf Bofingers Küche wollte er nicht verzichten. Letztlich erreichte Polen den dritten Platz. Sie blieben bis zum vorletzten Tag des Turniers.

HARTE 4 FAKTEN

26. Juni 1974: Schweden – Polen 0:1

30. Juni 1974: Polen – Jugoslawien 2:1

3. Juli 1974: Polen – Deutschland 0:1

6. Juli 1974: Brasilien – Polen 0:1 (Spiel um Platz 3)

Veranstaltungszentrum Ballei

The Machine

„So nackt, so cool" – Tim Wiese konnte nichts dafür, dass er schon mit 21 Jahren von Deutschlands Zeitung für schlichte Geister gehypt wurde. Aber der Mechanismus musste seinen Beratern bekannt sein: Wer im groß bebilderten Aufzug nach oben fährt, crashed eines Tages wieder runter. *Bild* berichtet exklusiv.

Der Fall von Tim Wiese war eindrucksvoll. Vom Ersatztorhüter der Nationalmannschaft zum vierten Torwart der TSG Hoffenheim benötigte er keine zwei Jahre. Zwischendrin behauptete er, mit José Mourinho von Real Madrid gesprochen zu haben. Aber er landete in Sinsheim an der Autobahn. Ganz Deutschland amüsierte sich.

In ihrer grenzenlosen Fürsorge klapperte *Bild* die Sonnenstudios der Kleinstadt ab, um Empfehlungen auszusprechen. Superheld oder Volldepp – Wiese selbst hatte bemerkt, dass es für einen Typen wie ihn nichts dazwischen gab. So war das halt. Sein Spielerberater Roger Wittmann war mit Hopp gut befreundet. Er dirigierte Wiese in die Metropolregion Kraichgau. Womöglich nicht seine beste Idee. Wiese wurde in die Trainingsgruppe II degradiert. Als Superheld trat er nie wieder in Erscheinung.

Aber als Sträfling. Sein Besuch beim Faschingsball in der Neckarsulmer Ballei endete mit einer roten Karte gegen 21.30 Uhr. Er sah sie gemeinsam mit Mannschaftskamerad Tobias Weis, der als Neandertaler verkleidet war. Weis wollte seine Frau nur kurz aufs Männerklo begleiten – wegen der langen Schlange an der anderen Tür.

Auch Sträfling Wiese schaute sich in der Keramikabteilung um. Augenscheinlich war seine Verkleidung nicht ganz perfekt. Andere Gäste erkannten die Profis und begannen zu frotzeln. „Absteiger!" „Fliegenfänger!" Aber Humor ist nur, wenn alle lachen. Der private Sicherheitsdienst musste einschreiten und setzte erst den Neandertaler vor die Tür, danach auch den Sträfling. Wiese, der sich später im Wrestling versuchte (Kampfname: The Machine), landete erstmal wieder dort, wo er häufig anzutreffen war: in der Zeitungsbehauptung mit den großen Buchstaben.

HARTE 4 FAKTEN

Debüt in der Nationalmannschaft: 19. November 2008

Deutschland — England: 1:2

Debüt bei der TSG Hoffenheim 1899: 18. August 2012

Berliner AK 07 — TSG Hoffenheim 1899: 4:0

Oeffingen

Tennwengert
Der Weg des Weltmeisters

Der Weg führt steil bergauf. Von Oeffingen aus durchquert man eine kleine Mulde, Ruckgraben genannt, bevor es hoch geht zum Tennwengert. Inzwischen ist der Sportplatz des TV Oeffingen nach dem Weltmeister aus dem eigenen Ort benannt. Sami-Khedira-Stadion. Aber Moment mal ... Weltmeister?

Pedanten mögen an dieser Stelle einwenden, dass Khedira im Finale überhaupt nicht mitgespielt hatte. Stimmt. Tatsächlich war er für die Startelf nominiert. Aber beim Warmmachen zwickte es. Die Wade. Viel dümmer kann es nicht kommen. Eine Viertelstunde vor dem Karrierehöhepunkt traf Khedira eine bemerkenswerte Entscheidung. Vielleicht wäre es gegangen, irgendwie, aber die Mannschaft war ihm wichtiger. „Der Moment der Gewissheit, nicht spielen zu können, das war mit Abstand der bitterste Moment meiner Karriere", erzählte er dem *kicker*. Einige Wochen zuvor stand Khedira mit Real im Championsleague-Finale.

Bei Gegner Atlético stand der angeschlagene Diego Costa in der Startelf und hielt neun Minuten durch. Khedira musste in Rio nicht lange überlegen. Weil Fußball ein Mannschaftssport ist, darf sich Khedira Weltmeister nennen. Diese Wahrheit müssen auch die Pedanten anerkennen. Seine Entscheidung, auf das Spiel zu verzichten, war bereits weltmeisterlich.

In seiner Fußballheimat hat sich der Älteste der Khedira-Brüder schon zehn Jahre zuvor unsterblich gemacht. Im Oktober 2006 stand er erstmals in der VfB-Startelf. Im Januar 2007 unterschrieb er einen Profivertrag. Im Mai war er bereits Deutscher Meister – als Stammspieler. Das entscheidende Tor zum 2:1 gegen Energie Cottbus erzielte Khedira höchst selbst. Sami, Rani, Denny – auch die anderen Khedira-Brüder sind hervorragende Kicker. Als sich eine Zeitung bei den Dreien erkundigte, wer der beste Fußballer der Familie sei, fand Rani eine klare Antwort: „Eindeutig Denny! Kreativ und technisch klar der Beste von uns." Wer weiß, was aus ihm geworden wäre, wenn er sich nicht mit fünf Jahren den Oberschenkel gebrochen hätte und danach von Asthma verschont geblieben wäre.

HARTE
4
FAKTEN

Ruckgraben: auf 248 Höhenmeter

Sportplätze: auf 277 Höhenmeter

Distanz: ca. 400 Meter

Maximale Steigung: ca. 9 Prozent

Sportheim Waldhorn
Dem Verein ein Denkmal

Wie im ersten Kapitel erwähnt – welches das schönste Vereinsheim Württembergs ist, hängt davon ab, wen man fragt. Viele sagen: Das Waldhorn ist das Schönste.

Feine Vereinsheime sind rar. Eine Sportgaststätte ist eben ein Zweckbau. Außen rechteckig, innen zweckmäßig – die Bauherren sind knapp bei Kasse. Riesige Säle sind praktisch. Da passen viele Gäste rein. Atmosphäre ist zweitrangig. Auch die Küche sollte groß sein, damit man große Schnitzelmengen anrichten kann. Als Deko halten Wimpel, Pokale und Erinnerungsfotos her. Verzierungen im Stile des südkroatischen Barocks pflastern die Fensterbänke. Gardinen aus den sechziger Jahren des vorigen Jahrhunderts vervollständigen das Bild. Manche Vereinsheime muss man sich schön saufen. Vielleicht ist es Absicht.

Eine Ausnahme findet man am Sportplatz Zaislen: das Waldhorn. Gebaut wurde es 1932 vom Turnverein, der damals noch das Sagen hatte am Sportplatz. Das Häuschen ist ein Altbau mit klassischem Walmdach, winzigen Dachgauben und Oma-Fenstern aus dem Bilderbuch. Doch bevor es zu romantisch wird: Bis in die siebziger Jahre durften sich die Spieler in der winzigen Waschküche duschen. Was anderes gab es nicht, erzählt Siegfried Schott, der Ehrenvorsitzende des FC Onstmettingen. Die Gastmannschaften fanden das skandalös. Zum Schluss war es peinlich, erinnert sich Schott. Erst 1984 wurden Umkleiden mit Duschräumen fertiggestellt – in einem separaten Häuschen mit gebührendem Abstand. Das kleine Waldhorn steht unter Denkmalschutz. Mehr Vereinsheim-Tradition geht kaum. Seit Ende 2018 kümmert sich die Wirtin Susanne Brunner um das Sportheim, das sie liebevoll ihr „Hörnle" nennt.

Noch eine Info zum Sportlichen: In der ewigen Tabelle der Schwarzwald-Bodensee-Liga steht Tailfingen an erster, Ebingen an zweiter und Onstmettingen an letzter Stelle. Der FCO war nur eine Saison dabei, damals in den Sechzigern. Über den Onstmettinger Abstieg war der Rest der Liga erleichtert: Nie wieder Waschküche.

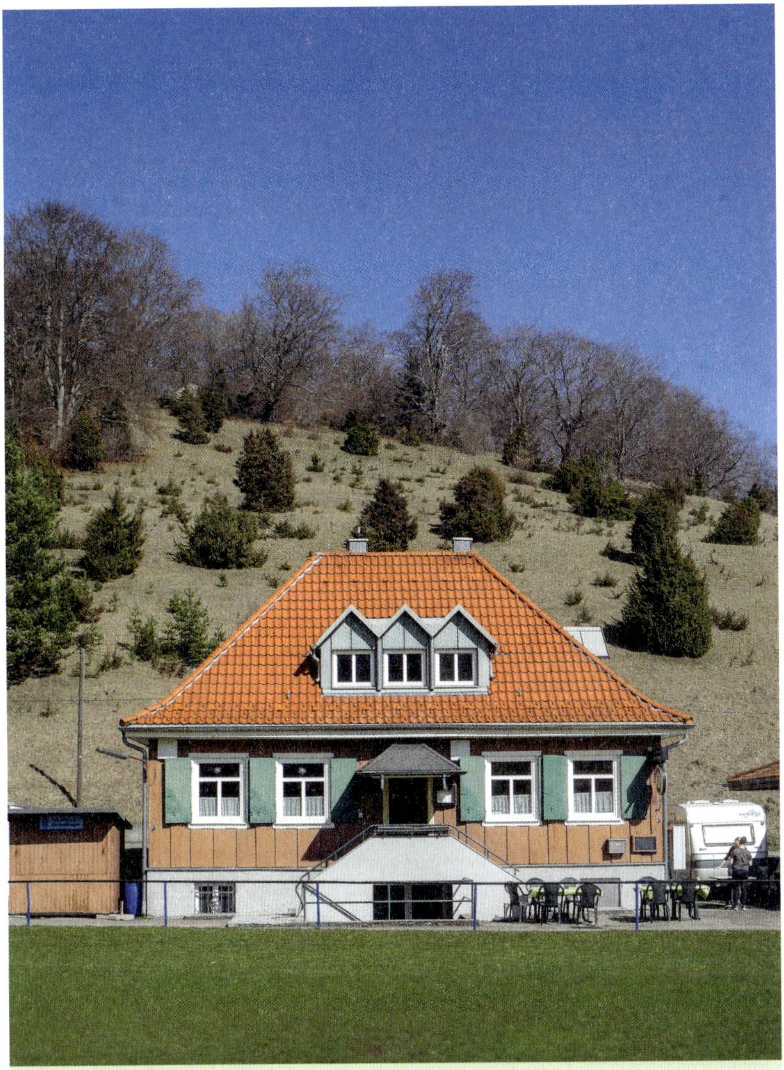

Vereinsgründung FC Onstmettingen: 1910

Umzug zum Sportplatz Zaislen: 1951

Renovierung des Waldhorns: 2006 und 2019

XL Schnitzel mit Pommes: 10,80 Euro

Stadion im Wiesental
Der übersehene Traditionsverein

Schon 1893 wurde der Fussball-Club Ravensburg als Vorläufer des FV gegründet, als reiner Fußballverein wohlgemerkt. Eine Seltenheit! Bei den meisten frühen Vereinen gingen die Turner voran, zum Beispiel in Heidenheim (1848), Hoffenheim (1899), München (1860) und Bochum (1848). Anders in Ravensburg. Dort gründeten die Fußballer ihren eigenen Klub. Und zwar so früh, dass der FV Ravensburg ganz oben auf die Liste der deutschen Traditionsvereine gehört. Es gibt frühere Gründungen, aber viele sind es nicht.

Dass der FVR als Traditionsverein kaum beachtet wird, hat vor allem zwei Gründe: Zum einen tauchte Ravensburg nie in den Profiligen auf. Im Schussental gilt die Amateuroberliga als Höchstes aller Gefühle. Zum anderen spielte der FV in seiner Frühzeit, als die Konkurrenz noch dünn war, in einer Liga, die vom deutschen Ligensystem abgetrennt blieb. Von den Spielen des Verbands Süddeutscher Fußball-Vereine wollten die Oberschwaben nichts wissen. Schließlich fanden sie ihre Gegner direkt vor der eigenen Haustür. Also spielte der FV Ravensburg in der Runde der Bodensee-Fußball-Vereinigung zusammen mit Konstanz und den Schweizer Vereinen aus St. Gallen, Kreuzlingen, Romanshorn und Amriswil sowie dem österreichischen FC Lustenau.

In der fußballerischen Neuzeit ist eine andere Himmelsrichtung bemerkenswert: der Westen. Seit 2006 besteht eine Partnerschaft mit dem SC Freiburg. Seither ist das Wiesental offizielles Sprungbrett in den Profifußball. Ömer Toprak, Sebastian Kerk und Yannick Haberer sind die bekanntesten Referenzen. Auch der oberschwäbische Traditionsverein profitiert. 2013 steigt Ravensburg in die Oberliga Baden-Württemberg auf. 2016 gewinnen die Blau-Weißen den Verbandspokal mit einem 5:2-Sieg gegen den FSV Bissingen 08. Belohnung ist ein Auftritt in der ersten Hauptrunde des DFB-Pokals. Für das Spiel gegen den FC Augsburg muss man allerdings nach Pfullendorf ausweichen. Die 0:2-Niederlage ist der erste überregionale Auftritt seit Jahrzehnten.

HARTE

4

FAKTEN

Gründung VfB Stuttgart: 1893

Gründung VfB Leipzig: 1893

Gründung Altonaer Fußball–Club: 1893

Gründung Ravensburger FV: 1893

Rechberg

Zum Roten Löwen
Landgasthof aus dem VfB-Bilderbuch

Gebhard Nuding mag zwei Dinge: Kartoffeln und Fußball. Seit fünfzig Jahren ist er Wirt im *Roten Löwen*, den er vom Vater übernommen hat. Links am Tresen hängt das VfB-Wappen. Mehr weiß-rote Deko ist nicht notwendig. Die Profis kommen auch so.

Wer beim VfB spielt, sollte mindestens einmal da gewesen sein, sonst hat er was verpasst. Der Besuch gehört zum guten Ton. Seit den Zeiten Gerhard Mayer-Vorfelders ist das so. Auch manche VfB-Jugendtrainer, Stammgäste im *Roten Löwen*, haben dazu beigetragen, dass sich der Geheimtipp über die Spielergenerationen hinweg gehalten hat. Selbst wenn der Rechberg nicht die nächste Adresse ist. Nuding erzählt, dass er es einmal in 40 Minuten ins Stadion geschafft hat, empfiehlt das allerdings nicht zur Nachahmung.

Tatsächlich ist der *Rote Löwe* unter dem Rechberg eine Gaststube aus dem schwäbischen Bilderbuch. Innen alles urig wie anno dazumal. Alles, was auf den Tisch kommt, ist selbstgemacht. Sogar das Brot wird vom Chef persönlich gebacken. Obwohl er einschränkt „Mei Muadr hot no a bessrs Brot gmacht. Dui hat bagga kenna", sagt Nuding. Am Herd führt seine Frau das Kommando. Empfehlungen auszusprechen verbietet sich. Wem die schwäbische Küche schmeckt, kann nichts Falsches bestellen.

Als Sami Khedira noch mit Lena Gercke liiert war, sind die beiden mitunter direkt von Madrid an den Rechberg gefahren. Die Familie Khedira gehört zu den Hausfreunden von Gebhard Nuding. Sami meldete sich am Morgen, ob noch ein Tisch frei wäre. Das ist notwendig, wenn man sonntags tafeln möchte. Der Landgasthof hat weit über den Fußball hinaus viele Freunde. Am Sonntagmittag werden Tische zweimal vergeben: einmal um halb zwölf, einmal um ein Uhr.

Auf der Karte stehen die üblichen schwäbischen Mahlzeiten. Spanferkel steht nicht drauf. Aber der Wirt versichert: Wenn der VfB am Samstag gewonnen hat, gibt's Spanferkel schon mal außerhalb der Reihe, zur Feier des Wochenendes.

HARTE 4 FAKTEN

Tipp 1: Göckele mit verschiedenen Salaten

Tipp 2: Saure Nierle mit Bratkartoffeln

Tipp 3: Rostbraten mit Spätzle und Salat

Tipp 4: Um Reservierung wird gebeten

Stadion an der Kreuzeiche
Szene E: Die Legende lebt.

Wenn ein Traditionsverein in den unteren Ligen versinkt, steigen auch die Fans ab. Die Entfernungen zu den Auswärtsspielen werden kürzer, die Reiseziele unbedeutender. Dorfplatz statt Stadion. Aber die Fans bleiben treu, allen voran diejenigen, die sich zu den Ultras rechnen. Das liegt nicht nur an der Leidenschaft an sich, sondern auch an der sozialen Gruppe, zu der man gehört.

Längst sind Ultragruppen auch im Mittelbau des deutschen Fußballs verbreitet. Meistens hatten sie sich formiert, als die Zeiten besser waren. So gesehen ist die Reutlinger Szene E eine Ausnahme: Erstens ist sie erstaunlich groß, und zweitens entstand die Gruppe erst, als die goldenen Jahre des SSV gerade vorüber waren.

Nach dem Höhenflug unter Skandal-Präsident Winko erschienen nur kümmerliche tausend Fans zu den Spielen an der Kreuzeiche. Darum beschloss der harte Kern von den Stehtribünen auf der Gegengerade auf die Haupttribüne zu wechseln. Der besseren Akustik wegen. Ab Sommer 2003 standen die Jungs im Block E. Zwei Jahre später tauchte erstmals der Name *Szene E* auf. Capo Fabian Maier erinnert sich: „Die Verbundenheit zum Stadion war so groß, dass wir uns an lauen Sommerabenden im Block getroffen haben. Natürlich waren genügend Getränke an Bord. Es kam nicht selten vor, dass wir dort übernachtet haben." Für die Hardcore-Variante der Fans ist die Tribüne der ureigene Lebensraum.

Seither besitzt Reutlingen eine gut organisierte Ultrafraktion, die bundesweit respektiert und regional berüchtigt ist. Wenn Reutlingen auswärts fährt, herrscht Stimmung im Karton. Es soll schon Spieler gegeben haben, die aus diesem Grund nach Reutlingen gewechselt sind. Die Szene pflegt Freundschaften mit dem Espenblock St. Gallen und dem Commando Cannstatt. Schwierig wird's, wenn Ulmer Spatzen in der Nähe sind. Auch das Engagement für den Verein kann sich sehen lassen. Kritik und Einmischung gehören zum Markenkern. Als 2008 die Insolvenz drohte, half die aktive Szene mit Spenden, Plakaten und Unterschriften.

HARTE 4 FAKTEN

Stadioneinweihung: 1953

Fassungsvermögen: rund 15.000 Zuschauer

Haupttribüne: rund 5.000 Zuschauer

Harter Kern der Szene E: rund 200 Supporter

Sportplatz an der Ringelbachstraße
Bildung und Fußball

Dem Landrat Kern ist es zu verdanken, dass der SSV Reutlingen nach dem Krieg lange Jahre erstklassig spielt. Vor Einführung der Bundesliga ist das westdeutsche Oberhaus dreigeteilt: in die Oberligen Nord, West und Süd. Obwohl Reutlingen zu den kleinen Standorten gehört, hält sich der SSV mehrere Spielzeiten. Der Landrat hat diverse Ämter, eine Firma und ein großes Herz für den Fußball. Bis 1953 die Kreuzeiche eingeweiht wird, spielt der SSV Reutlingen an der Ringelbachstraße mit einem Zuschauerschnitt von rund 7.000.

Direkt nach dem Krieg muss Reutlingen den Standortnachteil der französischen Besatzungszone überwinden: Den alten Namen SSV darf der Klub erst wieder 1950 annehmen. Erst dadurch kann der Verein in der Oberliga Süd mitmischen, die sich ausgehend von der amerikanischen Zone etabliert hat. Als Sieger der separaten Zonenliga Süd ist man endlich für diese Liga qualifiziert – und obendrein erstmals für die Endrunde um die Deutsche Meisterschaft. Dort ist nach drei Spielen mit drei Verlängerungen Schluss, eines davon gegen die legendäre Walter-Elf vom 1. FC Kaiserslautern. Die Oberliga Süd erweist sich dann als eine Nummer zu groß. Der SSV steigt postwendend ab.

Das Debakel ruft Hans Kern auf den Plan. Der Landrat ist Präsident der IHK und Prokurist der Strickmaschinenfirma Stoll. Die Leute erzählten sich, er habe „Geld zum Fressen." Mit seinem Kumpel, Trainer Erwin Ammer, verpflichtet der Landrat gestandene Spieler aus ganz Deutschland. Kern besorgt die Wohnung, den Arbeitsplatz in seiner Firma und einen fairen Lohn für alle Mühen.

Legendär werden die sogenannten Bildungsabende, zu denen die Spieler im feinen Zwirn antreten müssen. Zwischen 19 und 21 Uhr ist es zu diesem Anlass verboten über Fußball zu sprechen. Den Spielern is's egal, sie freuen sich auf „Göckele und Schnäpsle". Bestens gebildet steigt der SSV 1954 wieder in die Oberliga auf, wo man auf Anhieb Zweiter wird. Doch dieses Kapitel spielt sich bereits an der Kreuzeiche ab.

HARTE
4
FAKTEN

Spielbelag am Ringelbach: Sandschlacke

Fassungsvermögen: 9.000

Platzierung SSV Reutlingen Oberliga Süd 1954/55: 2. Platz

Platzierung Bayern München 1954/55: 16. Platz (Abstieg)

Ruit

Sportschule
Blickrichtung Ost

In der Bundesliga wechseln die Trainer so häufig, dass man kaum mitzählen kann. Über die Jahrzehnte betrachtet, lässt sich feststellen: Verblüffend viele Schwaben sind dabei. Das ist kein Zufall. In den achtziger Jahren ist die Trainerschule des Württembergischen Fußballverbandes allen weit voraus. Die Sportschule Ruit ist der Ursprung dieses Vorsprungs – genauer gesagt: die UdSSR, die als eigentlicher Geburtsort der spieltaktischen Moderne gilt. Dort stellte Trainer Viktor Maslow in den sechziger Jahren fest: „Durch Manndeckung werden die Spieler gedemütigt, beleidigt und sogar moralisch unterdrückt." Walerij Lobanowskyi ergänzte die Maslow'schen Prinzipien mit wissenschaftlicher Genauigkeit. Mit Dynamo Kiew gewann er acht sowjetische Meisterschaften. Sein Erfolgsgeheimnis: Pressing und Ballorientierung.

Der Leiter der Sportschule Franz Bartholmes ist mit Lobanowskyi gut bekumpelt. Jeden Januar erscheint Dynamo zum rituellen Trainingslager in Ruit. Dabei spielen sie zur Auflockerung gegen Amateurteams aus der Region, unter anderem gegen Viktoria Backnang, das von Ralf Rangnick trainiert wird. „Ich dachte, die wären zwei Mann mehr auf dem Platz", staunt Rangnick.

Um das Geheimnis der scheinbaren Überzahl zu entschlüsseln, studiert er die Trainingsformen der Ukrainer. Neben ihm steht Helmut Groß. Die beiden Taktikexperten entschlüsseln Spielprinzipien und Trainingsformen. Sie verstehen zwar kein Wort russisch, aber das ist nicht notwendig. Cheftrainer Lobanowskyi bringt sowieso kein Wort über die Lippen. Der große Schweiger konzentriert sich auf die Beobachtung. Erst am Abend definiert er mit wissenschaftlicher Präzision das Programm für den nächsten Tag.

Rangnick und Groß sind die ersten, die ihre Mannschaften nach den neuen Spielprinzipien anleiten. Später übernimmt der Verband die Ideen in seine Trainerschule. Während ganz Deutschland noch manndeckt, wird in Württemberg ballorientiert mit flexiblen Verteidigungsketten trainiert. Eine schwäbische Revolution!

Trainer Dynamo Kiew: 1973–1982, 1984–1990, 1997–2002
Sowjetische Meisterschaften: 8
Nationaltrainer UdSSR: 1975–1976, 1982–1983, 1986–1990
Erfolge: Olympia-Bronze 1976, Vize-Europameister 1988

Schnetzenhausen

Hotel Krone
Nichts stört das Idyll

Niederlande, Tschechien und die Schweiz haben Interesse, aber der Iran ist schneller. Und wer zuerst kommt, mahlt zuerst. Möglicherweise hätten die anderen Nationen bei der WM 2006 eine größere Fußball-Euphorie am Bodensee entfacht. Aber weil die iranische Nationalmannschaft schon 2004 zur Vorbereitung auf die Asienspiele zu Gast war, kennen sie das Quartier und entscheiden sich rascher als die Anderen.

Standortvorteil Schnetzenhausen: Relativ abgeschieden, gute Trainingsplätze und Nähe zum Flughafen. Darüber hinaus wissen die Gäste, dass Junior-Chef Guido Rueß mit ihren speziellen Anforderungen und Wünschen vertraut ist.

Rueß hat einen separaten Hoteltrakt für die Fußballer reserviert. Dort setzt er nur männliche Mitarbeiter ein. Zwei Jahre zuvor waren Frauen bei einer Pressekonferenz aufs TV-Bild geraten. Das wurde in der Heimat gleich zum Thema aufgebauscht. Ansonsten das Übliche: Kein Schweinefleisch zu den Mahlzeiten, das versteht sich von selbst, kein Alkohol, einige zusätzliche Beinpressen im Fitnessraum, ein eigener Spielsalon mit Tischtennis, Darts, Flipper, PlayStation und so weiter.

In der Küche ist Fusion Cooking angesagt. Der Küchenchef serviert Bodenseefelchen, der iranische Mannschaftskoch streut Koriander darüber. Im separaten Trakt Silberdistel ist ein Gebetsraum eingerichtet. In jedem Zimmer weist ein Pfeil in Richtung Mekka.

Nur eine Befürchtung steht im Raum, die sich jedoch als grundlos erweist. Ein Besuch von Staatspräsident Mahmut Ahmadinedschad hätte die Ruhe komplett zerstört. Wegen seiner Atompolitik und der grotesken Leugnung des Holocausts wird er als *Irrer vom Iran* bezeichnet. Aufmärsche, Demonstrationen und Gegen-Demonstrationen waren zu befürchten. Aber soweit kommt es nicht. Der Iran scheidet in der Vorrunde aus, das ist schon nach der zweiten Partie klar. Der Präsident bleibt zu Hause, die WM-Euphorie am Bodensee ungetrübt. Nur die iranische Mannschaft muss früher heimfliegen, als ihr lieb ist.

HARTE 4 FAKTEN

Mexiko — Iran: 3:1

Portugal — Iran: 2:0

Iran — Angola: 1:1

Erster Torschütze für den Iran: Yahya Golmohammadi

Kalaluna Sportsbar
Fußballmuseum mit Getränkeservice

Nichts geht übers Stadionerlebnis, behaupten die Hartgesottenen, die sich selbst als echte Fans bezeichnen. Andererseits: Im Neckarstadion wurde lange auch Fernsehbier ausgeschenkt. Die Frage ist berechtigt: Soll man wegen halbgaren Stadionwürsten aus der Systemgastro die stauanfällige Anreise wirklich auf sich nehmen?

Fans aus dem Remstal kennen die Alternative. Die Kalaluna Sportsbar ist längst zu groß, um ein Geheimtipp zu sein. Trotz der schieren Größe gehört sie zu den modernen Kultorten der gehobenen Fußballkultur. Historische Plakate, seltene WM-Maskottchen, skurrile Fundstücke. Jede einzelne Ecke ist liebevoll ausgestattet. Rund tausend Gäste kommen zu den VfB-Spielen ins Kalaluna. Manche haben sogar eine Dauerkarte. Im Gegensatz zur Kurve wird hier heimisches Bier an den Tisch serviert.

Das Paradies im Industriegebiet hat Matthias Kalafatis gestaltet. Als er sein erstes Kalaluna eröffnete, meckerten die Besserwisser: „Wieder einer der meint, er macht etwas Besonderes." Andere waren sich sicher: „Der macht's eh net lang." Das war ungefähr im Jahr 1994. Was die Skeptiker nicht ahnten: Kalafatis ist nicht nur ein Wirt und Geschäftsmann, sondern auch Trikotsammler – und zwar von Kindesbeinen an. Schwerpunkt VfB Stuttgart, selbstverständlich. „Schon als Kind hab ich mich in das schöne Wappen verliebt", sagt er.

Mit dem Kalaluna hat sich Kalafatis einen Jugendtraum erfüllt. Das schöne Wappen dürfte rund fünftausend Mal vertreten sein. Auf Anstecknadeln, Postern, Schals und natürlich: Trikots. Mehr als 700 Einzelstücke umfasst seine Sammlung, die meisten davon hängen an Decken und Wänden, jedes kostbare Stück sauber gerahmt.

Eine wichtige Reliquie findet man links an der Bar: die *Blöde-Bayern-Glocke*. Sie bimmelt immer dann, wenn die Lederhosen auf Halbmast heruntergefahren werden. Ihre Bedienung bleibt dem Wirt vorbehalten. Auf diese Weise profitiert die ganze Sportsbar von einem Bayern-Gegentor. Merke: Wenn der Wirt gut drauf ist, muss die Welt in Ordnung sein.

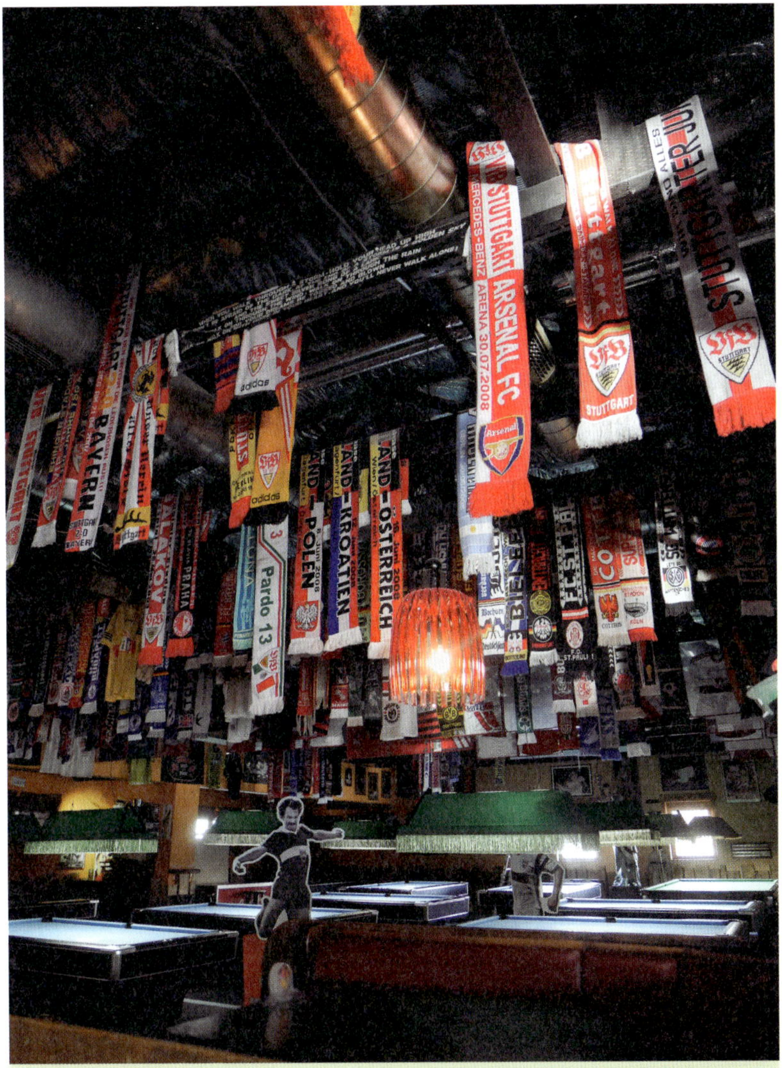

Eröffnung des ersten Kalaluna: 1994

Umzug an den heutigen Standort: 2000

Umfang der Trikotsammlung: rund 720 Stück

Davon VfB-Trikots: rund 700 Stück

Schramberg

Bernecksportplatz
Im Tal der schönen Sportplätze

In den fünfziger Jahren hatte man ein Gutachten anfertigen lassen. Darin wurde bescheinigt, dass „der 1924 eingeweihte Bernecksportplatz nicht das für Verbandsspiele erforderliche Maß aufweisen könne und deshalb für den Sportbetrieb vollständig unzureichend sei." Also musste schnellstens ein neuer Platz her.

Bei seiner Einweihung wurde der neue Rauenstein-Sportplatz in der Fachzeitschrift *Fußball-Trainer* hymnisch besungen: „Eingebettet in dicht bewaldete Berge präsentiert sich dieses Kleinod als ein wahres Sportlerparadies, aber, verehrte Leser, fahren Sie selbst ins Bernecktal und schauen Sie sich diesen schönsten deutschen Fußballplatz an." Aha.

So ändern sich die Zeiten. Längst hat der gute, alte Berneckssportplatz dem gelobten Rauenstein den Rang wieder abgelaufen. Denn ein halbes Jahrhundert später wird der historische Platz nahe der Stadtmitte grundsaniert: Mit schwerstem Gerät verbreitert man auf rabiate Art und Weise das ehemals kleine Spielfeld. Die empfohlenen Sportplatzmaße erreicht man bis auf wenige Zentimeter. Dafür weicht die steile Naturtribüne, was auch die Gefahr von Steinschlag mindert. Zusätzlich schützt das neue Tribünendach vor herabfallenden Brocken. Bei Flanken und Eckbällen sollte man trotzdem vorsichtig sein. Das Tor steht näher als üblich.

Direkt hinter dem Seitenaus ragt nun die schöne rote Steilwand gen Schwarzwaldhimmel. Mit dem typischen Buntsandstein erinnert der Bernecksportplatz an das postmoderne Stadion im portugiesischen Braga, das Stararchitekt Eduardo Souto de Moura in den Fels gesetzt hat. Auch sporthistorisch ist der Platz eine Reise wert. Hier lernte einst Georg Knöpfle das Kicken.

Der Schramberger hatte Ende der zwanziger Jahre des vorigen Jahrhunderts unter Bundestrainer Otto Nerz einen Stammplatz in der Nationalmannschaft erspielt. Knöpfle, den sie aufgrund seiner bulligen Statur nur „den Knopf" nannten, wurde später als Trainer mit dem 1. FC Köln der erste Deutsche Meister der Fußballbundesliga.

HARTE
4
FAKTEN

Gründung SpVgg Schramberg: 1908

Einwohner: rund 21.000

Bekannteste Veranstaltung: Da-Bach-Na-Fahrt an Fasnet

Zuschauer: rund 30.000

Normannia-Stadion
Die Legende der Aufstiegsmüden

Seit hundert Jahren spielt Normannia am selben Ort. 1919 wird der Exerzier-platz zum Sportplatz ausgebaut. Heute steht das Stadion im Schwerzer für feinstes Amateurfußball-Vergnügen an einem gewachsenen Standort, der nur einen kurzen Spaziergang von der Innenstadt entfernt ist. Das mögen nicht nur Fußballromantiker. Vor dem Krieg, als die höchsten Ligen noch nicht bundesweit aufgestellt waren, mischt die Normannia aus Gmünd sogar ganz oben mit: in den Spielzeiten 1921/22 und 1932/33. Aber der Abstieg erfolgt jeweils postwendend.

Mitte der sechziger Jahre nimmt die Mannschaft aus Schwäbisch Gmünd einen weiteren Anlauf, um in eine Liga zu gelangen, die Reisen in andere Bundesländer erfordert. Normannia wird vor Union Böckingen und den VfB-Amateuren Württembergischer Meister und erreicht die Aufstiegsrunde zur Regionalliga Süd, der zweithöchsten Liga Deutschlands. Doch am Ende steigt Villingen 08 auf. Gmünd wird Dritter, hinter Germania Forst, vor dem SV Oberkirch. Die Vereinschronik verzeichnet, dass mehr drin gewesen wäre, zum Beispiel gegen den späteren Aufsteiger Villingen. Das Heimspiel wird bereits in der ersten Minute zugunsten des Gastes entschieden – durch einen Handelfmeter.

War das etwa Absicht? Die Legende, die um diese Aufstiegsspiele gestrickt wird, geht davon aus, dass die Normannia-Spieler überhaupt nicht auf-steigen wollen. Im Jahr zuvor hatte Emmendingen 03 als Aufsteiger jäm-merliche vier Punkte erzielt und damit eine bundesweite Berühmtheit als Losertruppe erreicht. Auch der Normannia drohen in der Regionalliga Süd ähnliche Packungen gegen Teams wie die SpVgg Fürth, TSV 1860 München und Waldhof Mannheim. Also verursachen die Gmünder einen Handelfme-ter, zur Sicherheit gleich in der ersten Minute. Als sie selbst einen Strafstoß zugesprochen bekommen, donnert ihn der Kapitän höchst persönlich über die Latte. Eigentlich ist er ein sicherer Schütze. Aber wie gesagt: Die aufstiegs-müden Gmünder sind eine Legende. Der Wahrheitsgehalt ist nicht vollstän-dig gesichert.

HARTE
4
FAKTEN

DFB-Pokal, 1. Runde 1977/78: Norm. – Fortuna Köln 2:0

DFB-Pokal, 2. Runde 1977/78: Norm. – FC Augsburg II 1:2

DFB-Pokal, 1. Runde 2007/08: Norm. – Alemannia Aachen 0:3

Fassungsvermögen Normannia-Stadion: ca. 5.000 Zuschauer

Schwäbisch Hall

Auwiese

Die größten Umkleiden Württembergs

Mehrzweckstadien sind out. Landläufig sind damit Stadien gemeint, die für Fußball und Leichtathletik konzipiert sind. Für den Fußball sind sie suboptimal, weil die Laufbahn stört. Alles so weit weg. Die Sportfreunde hatten schon immer das Vergnügen eines reinen Fußballstadions. Allerdings war ihr Auwiesenstadion recht marode. 2014 wurde ein wohl einmaliges Projekt realisiert: Das Stadion wurde für die Sportarten Fußball und American Football ausgebaut. Auch ein Mehrzweckstadion, aber eines, das beiden wie angegossen passt: Fußballern wie Footballern.

Die Schwäbisch Hall Unicorns, eine Abteilung der TSG, hat aus Hall eine Hochburg des American Football gemacht. Viermal holten die Einhörner die German Bowl in die Kleinstadt am Kocher. Wenn die Unicorns antreten, ist die Hütte voll: mehr als 2.000 Zuschauer im Schnitt. Und das ist noch wenig, wenn man bedenkt, dass sie den German Bowl in Berlin vor 15.000 Zuschauern gewannen.

Die Sportfreunde profitieren von der Konkurrenz in der eigenen Stadt. Gemeinsam mit den Unicorns stemmte man ein Stadionprojekt, das für den Fußball überdimensioniert gewesen wäre. Die Sportfreunde sind schon froh, wenn 200 Zuschauer kommen.

Der Unterschied zum herkömmlichen Fußballstadion offenbart sich unter der Haupttribüne. Beim Football stehen mehr als doppelt so viele Spieler auf dem Platz. Das erfordert riesige Umkleiden – pro Mannschaft nach Angriff und Verteidigung getrennt. An der Wand steht ein Saunastuhl für Spieler mit Kreuzschmerzen. Auch ein separater Raum für die Cheerleader ist ausgewiesen.

Und weil die Unicorns Bundesliga spielen, gibt es VIP-Räume, deren Zugänge mit Chipkarten gesichert sind. So viel Luxus ist einmalig in den Ligen, in denen sich die Sportfreunde tummeln. Als sie den Platz zum ersten Mal bespielten, wunderten sich die Akteure vor allem über die eindrucksvolle Akustik, die das Stadiondach erzeugt. Einer entdeckte ein völlig neues Auflaufgefühl: „Ein Spielertunnel, geil!"

HARTE
4
FAKTEN

Sitzplätze Haupttribüne: 1.180

Davon überdacht: rund 600

Nutzfläche unter der Tribüne: 845 Quadratmeter

Gesamtkosten: ungefähr 2,5 Millionen Euro

Gustav-Strohm-Stadion
Höhenflug in die 2. Liga

3:0 liegt der BSV vorne. Gegen den VfB Stuttgart! Es ist das größte Spiel der Vereinsgeschichte. Schwenningen spielt in der 2. Liga Süd. 12.000 Zuschauer brüllen sich die Kehlen aus dem Leib am 11. September 1976. Doch am Schluss steht es 3:3. Am Ende der Saison stehen 1,25 Millionen Mark Schulden in den Büchern des BSV Schwenningen 07. Diverse Arbeitsrechtsprozesse laufen.

1974 fusionieren die Traditionsclubs VfR und SC zum BSV 07. Schwenningen hat große Pläne – und mit Klaus Rösch einen Präsidenten, bei dem Geld keine Rolle spielt. Mit dem neuen Trainer Jupp Becker und Verstärkungen aus ganz Deutschland erreicht der BSV prompt die Aufstiegsrunde. Dort wartet Erzfeind Villingen 08. Ausgerechnet der Rivale aus derselben Stadt, gegen den man nie im Ligabetrieb spielt, weil Villingen zum badischen Landesteil gehört und Schwenningen zum württembergischen. Im zweiten Spiel der Aufstiegsrunde sehen 13.000 Zuschauer das außergewöhnliche Derby. Das 1:0 fällt erst in der 86. Minute. Damit sind die Weichen gestellt. Erst recht nach dem 2:2 im Rückspiel. Es ist zwar ein Aufstiegsfinale gegen das punktgleiche 07 Ludwigsburg notwendig, aber die werden mit 4:0 vom Platz gefegt.

Für die 2. Liga leistet sich der ambitionierte BSV weitere Verstärkungen – und wieder einen neuen Trainer, weil der zuvor verpflichtete für die 2. Liga keine Lizenz hat. Präsident Rösch vertraut auf Spielervermittler Mischa Mihailovic. Der holt elf Neuzugänge, darunter seinen Sohn, einen Bankdrücker aus der A-Jugend des FC Bayern. Auch der alternde Helmut Haller wird verpflichtet, des großen Namens wegen. Mihailovic verdient prächtig, zum Beispiel am Transfer von Sturmtank Drenks, der vom FC Valladolid kommt. Der Stürmer trifft jedoch nicht. Nur tanken kann er gut. Weltstar Haller bricht sich in der Vorbereitung das Wadenbein. Der BSV beendet seine einzige Zweitligasaison als Tabellenletzter.

Die Schulden des Höhenflugs wird der BSV noch 15 Jahre lang abstottern. Dann wird die Restschuld erlassen.

HARTE 4 FAKTEN

BSV Schwenningen – Röchling Völklingen: 3:2 (1976)

BSV Schwenningen – VfB Stuttgart: 3:3 (1976)

BSV Schwenningen – FC Homburg 08: 2:1 (1977)

Bayern Hof – BSV Schwenningen: 10:1 (1977)

Buchhandlung Röhm
Ein Abend mit Weißbier–Waldi

Der Fußball braucht die Medien. Die Medien brauchen den Fußball. Die gegenseitige Abhängigkeit macht es ambitionierten Journalisten schwer, objektiv zu berichten. Auch die Öffentlich-Rechtlichen stecken in diesem Dilemma. Jedoch: Es gibt auch Journalisten, die diese Zusammenhänge ignorieren und gegen Gewissensbisse immun bleiben. Bei der zünftigen Sorte Fußballbesprecher kann inhaltliche Tiefe sogar schädlich sein. Den Stammtischen reicht schon einer, der zuverlässig trinkfest ist. Ein Weißbier in der Hand – da ist Augenhöhe und Glaubwürdigkeit bereits hergestellt. Waldemar Hartmann hat diese Methode kultiviert. Der ehemalige Kneipenwirt aus Augsburg verkörpert den gutbayrischen Kumpeljournalismus wie kein anderer. Die *taz* nannte ihn eine Duzmaschine. Im Vorruhestand nutzte er seine Popularität, um als Persiflage seiner selbst durch Deutschland zu touren. Mit einem Programm namens *Born to be Waldi*.

Im Herbst 2013 liest Hartmann in Sindelfingen aus seinem jüngsten Buch. Parallel wird im Kölner Studio eine Promi-Folge von Günther Jauchs *Wer wird Millionär?* aufgezeichnet. Hartmann steht auf der Liste der Telefonjoker von Lena Gercke, die prompt eine Fußballfrage gestellt bekommt. *Welche Fußballnation konnte bei den bisherigen Weltmeisterschaften nie einen Titel im eigenen Land gewinnen? A Brasilien, B Deutschland, C Argentinien, D Frankreich.*

Hartmann sitzt im Hinterzimmer der Buchhandlung und wartet auf seinen Einsatz. Auf die Antwortmöglichkeit *Deutschland* angesprochen legt er los: „Noch nie im eigenen Land. Wir haben ja einen dritten Platz im Jahr 2006 gemacht, und das war die einzige, die wir gespielt haben." Er hat es in den 30 Sekunden, die ihm zur Verfügung stehen, sogar geschafft, sein Buch *Die dritte Halbzeit* zu erwähnen. Kann man nicht meckern, bei der Reichweite von RTL.

Erst nachdem er den Telefonhörer aufgelegt hat, murmelt ein Mitarbeiter: „Und 74?" Hartmann erstarrt. Man darf ihm bei vielen seiner vermeintlichen Witze Absicht unterstellen. Bei diesem nicht.

Augsburger Kneipen: 2

Ehen: 3

Kinder: 2

Hashtag: #Waldigate

Floschenstadion

Ein Backstein für den Bürgermeister

Kaum war 1970 das DFB-Spielverbot für Frauen gefallen, formiert sich in Sindelfingen ein Team. Bei den ersten Verbandsspielen ist es noch eine Sensation: Frauen kicken! Können die das überhaupt? Evelyn Klumpp erinnert sich: „Da kamen Zuschauer, die danach zwar meine BH-Größe wussten, aber nicht, ob ich einen Ball stoppen konnte." Klumpp wurmt das, aber sie lässt sich nicht beirren. Nach Stationen beim TSV Schorndorf und Eintracht Stuttgart kehrt sie nach Sindelfingen zurück – und zwar als erste Frau mit Trainer-B-Lizenz. Das war im Jahr 1983. Der Aufstieg des VfL begann. Sieben Jahre später ist das Team in der ersten Bundesligasaison dabei.

Klumpp ist als Hacki-Wimmer-Typ bekannt. Sie verschafft sich auf dem Platz Respekt – und daneben. Zum Beispiel in der Platzfrage. Obwohl die Damen im Begriff sind, in die Bundesliga aufzusteigen, werden sie auf den roten Hartplatz neben dem Stadion verbannt. Der schöne Rasen bleibt den Männern vorbehalten.

Weil sonst nichts zu machen ist, marschiert Klumpp zum Bürgermeister – mit einem Backstein im Gepäck. „Das ist das Volumen des Sandes, den wir täglich einatmen", stellt sie nüchtern fest. Einige Tage später bewegen sich die Männer. Fast zwei Jahrzehnte bleiben die VfL-Frauen in Württemberg vorne. Zur besten Zeit sind drei Mannschaften bei den Aktiven und acht in der Jugend gemeldet.

Trotzdem bleibt der Zuschauerandrang überschaubar. Bundesliga hin, gepflegtes Spiel her. Auch Sponsoren fehlen. Der VfL tut zwar alles für die Spielerinnen, nur Gehälter können sie nicht bezahlen. Darum zieht Sindelfingen zwar Talente an, bleibt aber immer nur Sprungbrett, um nach Frankfurt, Siegen oder Duisburg zu wechseln. Also dorthin, wo man Wohnung, Auto und Salär bekommt.

Auch der Verband bleibt mit seiner Unterstützung zurückhaltend – obwohl der VfL lange Jahre rund 90 Prozent des Auswahlteams stellt. Die Frauen haben es in Württemberg schon immer schwer gehabt – das gilt für Sindelfingen, aber auch für manch andere Standorte.

HARTE
4
FAKTEN

Spielzeiten in der Bundesliga Süd (vor dem Jahr 1997): 7

Beste Platzierung: 4. Platz

Spielzeiten in der eingleisigen Bundesliga: 3

Beste Platzierung: 11. Platz

Sindelfingen

Glaspalast
Glanz und Gloria

Einen *Galaabend im Glaspalast* stellt man sich festlich vor. In Württemberg ist damit ein Fußballvergnügen gemeint. Beim Glaspalast handelt es sich um eine Großsporthalle, die in den siebziger Jahren von Architekt Günter Behnisch geplant wurde, der auch das Olympiastadion in München entworfen hatte. Die Halle steht seit 2016 unter Denkmalschutz. Laut Eigenbeschreibung ist die Sindelfinger Hallenfußball-Gala das größte Turnier seiner Art in Deutschland. Von Mitte Dezember bis Mitte Januar zieht sich die Veranstaltung. Rund 200 Amateurmannschaften nehmen teil.

Um den Dreikönigstag macht die Gala Pause. Dann geben die Amateure die Halle frei für den Nachwuchs der internationalen Elitevereine. Zum traditionellen JuniorCup werden U19-Mannschaften aus aller Welt eingeladen. 1991 findet das erste Turnier statt.

Während überall in Deutschland Hallenfußball zur Kirmesveranstaltung mutiert, geht es im Glaspalast mit heiligem Ernst zur Sache. Der Zuschauerandrang ist groß, aber nicht überbordend. Wichtiger ist, wer da ist. Wer möglichst viele Spielerberater an einem Ort treffen will, ist beim JuniorCup richtig. Schon bei der zweiten Austragung sind der FC Barcelona und Celtic Glasgow zu Gast.

Besuchern wird geraten, die Aufstellung der Mannschaften mitzunehmen und einige Jahre später nochmal reinzuschauen. Manuel Neuer, Mario Gomez, Kevin-Prince-Boateng und Nuri Sahin kickten bereits im Glaspalast. Den inoffiziellen Karriererekord stellt Leroy Sané auf: vom JuniorCup zur A-Nationalmannschaft in 21 Monaten.

Aber nicht jeder Nachwuchsstar wird ein Kracher. 2003 wird Marc Gouiffe à Goufan zum besten Spieler des Turniers gewählt. Der Kameruner erweist sich später als zu schwach für die 2. Liga und landet schließlich in Moldawien. Eine andere Anekdote liefern die Vietnamesen, die 2006 in Sindelfingen zu Gast sind. Beim Ausflug zur Burg Hohenzollern bleiben die Spieler im Bus sitzen. Sie haben Angst vor dem Schnee. So etwas hatten sie noch nie gesehen.

HARTE 4 FAKTEN

Fassungsvermögen: 5.250 Zuschauer

Arena-Fläche: 3.400 Quadratmeter

Spielfeld-Größe: 50 x 30 Meter

Hallenfußball-Gala Startgeld: 90,– Euro

Stuttgart

ADM-Sportpark
Blauer Adel

Als Vorspeise werden Weinbergschnecken empfohlen. Auch der schwäbische Rostbraten auf der Speisekarte ist kein billiger, er wird als *Kalbsrahmrostbrätle* ausgewiesen. Von wegen gut bürgerliche Küche. Im Vereinsheim der Kickers geht es feiner zu. Man ist ja nicht irgendwer. Viele Mitglieder behaupten übrigens, der Bau des Vereinsheimes sei die größte Leistung der Präsidentenlegende Axel Dünnwald-Metzler gewesen. Er waltete seines Amtes von 1979 bis 2003. In seine Ära fallen zwei Bundesligaspielzeiten.

„Axel besaß einen Charme, der war waffenscheinpflichtig", erinnert sich Hans-Jürgen Wetzel, der als Vorstand der Stuttgarter Versicherungen selbst der Überzeugungskraft des Präsidenten zum Opfer fiel. Dünnwald-Metzler holte nicht nur Sponsoren, sondern griff zum Wohle des Vereins auch tief in die eigene Tasche.

Er vertrieb die eigene Brillenmarke ADM Silhouette. Das Geschäft florierte. Sein Selbstverständnis war so blau wie der Himmel über der Waldau: „In unserem Verein ist der gehobene Mittelstand zu Hause", hat er gesagt und die Eigenschaften aufgezählt: solide, rechtschaffen, stilvoll und wohlhabend. Dementsprechend achtete auch seine Frau auf die Details: Auf der Haupttribüne leuchteten ihre Fingernägel stets in feinstem Kickersblau.

Der Spruch vom Blauen Adel ist übrigens weit älter. Er stammt aus den Zeiten vor dem Ersten Weltkrieg, als die Kickers das Endspiel um die Deutsche Meisterschaft erreichten. Damals galten die Kickers als Maß aller Dinge im württembergischen Fußball. Nach der Vize-Meisterschaft 1908 adelte Herzog Ulrich von Württemberg die Blauen, indem er die Schirmherrschaft übernahm.

Diese Eigenwahrnehmung kommt heute noch in der Kickershymne zum Ausdruck, die aus den Siebzigern stammt. Komponiert wurde sie vom Chef des SWR-Sinfonieorchesters Erwin Lehn. Text: Blacky Fuchsberger. Zu diesen Klängen sei als Dessert empfohlen: Der Eiskaffee des Klub-Restaurants. Natürlich kein gewöhnlicher Kaffee, sondern ein *Ratsherrenkaffee* aus bestem Hause.

HARTE 4 FAKTEN

Gründung der Kickers: 1899

Deutsche Vize-Meisterschaft: 1908

Einweihung des Kickers-Vereinsgeländes: 1989

Namensgebung ADM-Sportpark: 1999

Bäckerei Klinsmann
Die besten Brezeln der Stadt

Der Name Klinsmann genießt einen hervorragenden Ruf. In den Brezeltests der örtlichen Fachpresse erhält die Bäckerei stets beste Noten. Das Laugengebäck gilt als fester Bestandteil der schwäbischen Identität. Die Nuancen sind wichtig. Der Tester lobt die Klinsmann-Erzeugnisse: „Sehr schön. Innen wunderbar locker mit schön dünnen Armen. Da muss der Bäcker richtig aufpassen, wenn man die zwei Minuten zu lange im Ofen lässt, verbrennen die." In der Botnanger Bäckerei mag man es nicht so gerne, auf den berühmten Sohn angesprochen zu werden. Wir sind in Schwaben: Geschäft ist Geschäft.

Auch Jürgen hat Bäckergeselle gelernt. Allerdings nicht, um in diesem Beruf Karriere zu machen. Er benötigte nur ein Alibi. Bäckergeselle im eigenen Betrieb – das war wenig zeitaufwändig. Insofern ideal für den Sohn, der zwischen 1990 und 2014 direkt oder indirekt an allen Sternstunden beteiligt war, die der deutsche Fußball zu bieten hatte: Weltmeister 1990, Europameister 1996, Teamchef und Reformator der Nationalmannschaft von 2004 an, verantwortlich für das „Sommermärchen" bei der Heim-WM 2006 und im übertragenen Sinn für eine Entwicklung, die später zur Weltmeisterschaft 2014 führen sollte.

Schon in jungen Jahren war er wegen Schnelligkeit und Durchsetzungswillen gefürchtet. Andererseits war das Tempo sein Problem. Jugendauswahl-Trainer Berti Vogts hatte ihm früh bescheinigt, dass er mit Ballan- und -mitnahme seine liebe Not hätte. Klinsmann war schneller, als der Ball erlaubte. Wenn er aufs Tor zog, sah das immer schlacksig aus. Er fiel auch schnell. Bei seinem Wechsel zu den Tottenham Hotspurs eilte ihm der Ruf eines Schwalbenkönigs voraus. Aber Klinsmann versöhnte die Fans – mit Toren und mit dem typischen Diver-Jubel, mit dem er sich über die Vorurteile lustig machte.

Klinsmann besaß einen untrüglichen Riecher für die Stelle, an der die Abwehr löchrig war. Von der Statur her war er kein Sturmtank. Er hatte eher die Statur der Brezeln aus der elterlichen Bäckerei: wunderbar locker mit schön dünnen Armen.

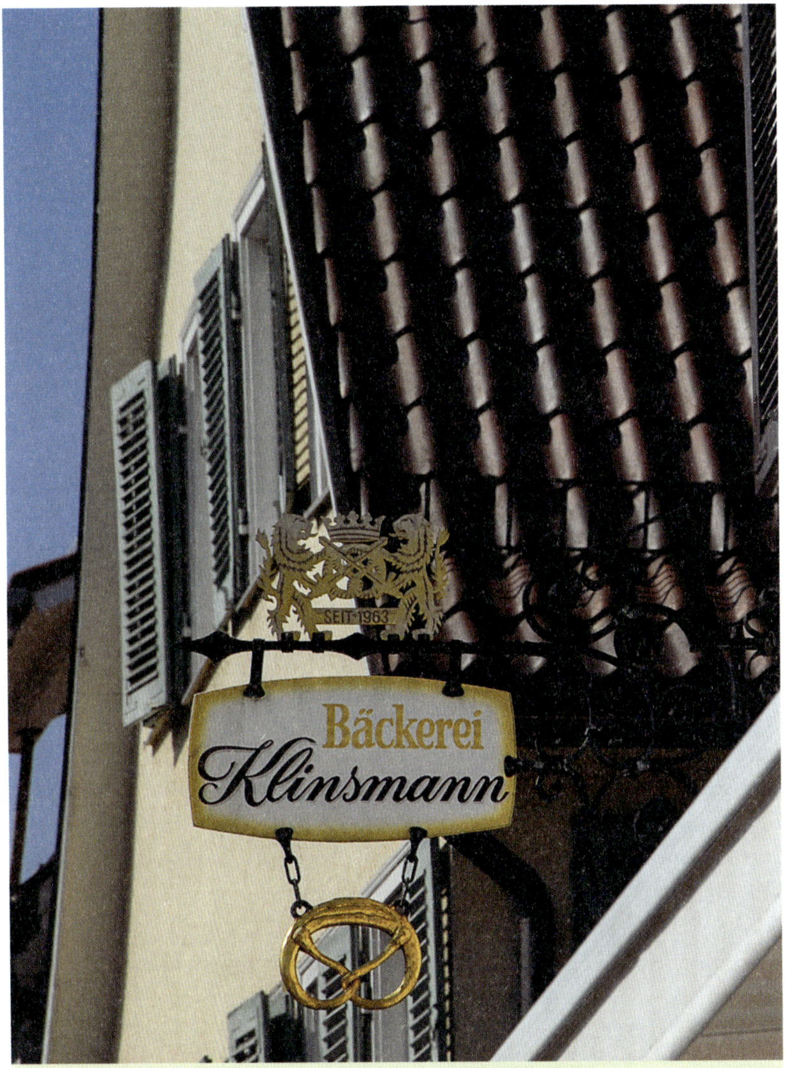

SV Stuttgarter Kickers/VfB Stuttgart: 1981–1989

Inter Mailand: 1989–1992

AS Monaco: 1992–1994

Tottenham Hotspurs: 1994–1995

Cannstatter Marktstraße

Als der Beatle zum Friseur musste

Ambitioniert gestartet, im Abstiegskampf gelandet – das gilt beim VfB auch in der Spielzeit 1966/67. Die üblichen Reflexe funktionieren bereits: Trainerwechsel. Für Rudi Gutendorf kommt Albert Sing. „Ich muss für Ordnung sorgen", gibt der *Eiserne Albert* bekannt, „Gress stört die Ordnung". Zuvor hat es ein Missverständnis um den freien Montag des Starspielers gegeben. Gress hatte den Tag ausgehandelt, um zu Hause im Elsass Dinge zu regeln. Aber Sing weiß nichts davon. Also suspendiert er den Starspieler unter großem Getöse. Gress bleibt in Straßburg.

Natürlich weiß Sing, dass er ohne seinen Regisseur nicht auskommen wird. Die Beiden einigen sich telefonisch. Gress entschuldigt sich. Im anschließenden Pokalspiel in Saarbrücken glänzt der Franzose. Der VfB gewinnt 4:2.

In der folgenden Woche erscheint die Mannschaft im feinen Salon. Gress hatte am Telefon versprochen, sich von seinem Beatles-Look zu trennen. Sing besteht darauf, damit schon an den Haarspitzen klar werde, wie sehr sich Gress ab sofort in den Dienst der Mannschaft stellen wird. Gress gönnt Sing die kleine Geste. Dem Südfunk gegenüber äußert sich Sing fürsorglich: „Der Mann soll nicht gedemütigt oder verschandelt werden", erklärt der Styling-Experte, „aber er soll sich die Haare wenigstens so kurz schneiden lassen, dass ich ihm gut in die Augen schauen kann."

Der Trainer erkennt die leistungssteigernde Komponente: „Jetzt wirsch no besser, Schillbär, jetzt hasch kein Luftwiderstand mehr." Ganz vorne dabei sind auch die Hipster des Sportteils der Stuttgarter Nachrichten. Sie bescheinigen dem Friseurmeister gute Arbeit: „Aus der Beatle-Frisur wurde ein moderner Haarschnitt."

Der VfB hält die Klasse. Gress wird Publikumsliebling. Nach seiner Spielerkarriere wird er Trainer, holt dabei die Meistertitel in Frankreich und der Schweiz. Später wird er zum gefragten TV-Experten und Juror bei Talentshows. Vom ehemaligen Salon des Friseurmeisters Paul Grathwohl in der Marktstraße 31 fehlt hingegen heute jede Spur.

HARTE
4
FAKTEN

Gress bei Racing Straßbourg: 156 Spiele (90 Tore)

Gress beim VfB Stuttgart: 149 Spiele (25 Tore)

Gress bei Olympique Marseille: 90 Spiele (8 Tore)

Gress zurück bei Racing Straßbourg: 69 Spiele (6 Tore)

Grabkapelle auf dem Württemberg
Am Ursprung der Tradition

Früher konnte man die Grabkapelle vom Fanblock der Cannstatter Kurve sehen. Der königliche Hügel ist Luftlinie drei Kilometer entfernt. Mit dem umlaufenden Stadiondach wird der direkte Blick verbaut. Seither bemüht sich der Verein für Bewegungsspiele mit allen Kräften des Marketings darum, die Verbindung zum Hause Württemberg zu unterstreichen. Im Werbesprech nennt man es Positionierung. Seit 2014 reklamiert der VfB eine Parole für sich, die vor 200 Jahren erstmals beim württembergischen Wappen aufgetaucht war. *Furchtlos und treu* sei wie folgt zu verstehen: „Furchtlos steht für unser Vertrauen in die Jugend und als Bekenntnis zu mutigem Fußball. Treu für die starke Bindung des VfB zu Stuttgart, zu Schwaben und zur Heimat Württemberg."

Die Fußstapfen sind riesig. Das württembergische Königspaar Wilhelm und Katharina ist ihrer Zeit voraus. Keine Despoten, sondern Reformer. Katharina richtet Suppenküchen und Armenspeisungen ein. Das Königshaus veranstaltet eine landwirtschaftliche Schau auf dem Wasen, damit die Bauern lernen, wie sie ihre Erträge verbessern. Daraus geht das heutige Volksfest hervor. Auch das landwirtschaftliche Institut in Hohenheim, das Wohlfahrtswerk und die Volkssparkasse gehen auf königliche Initiative zurück. Segensreiche Einrichtungen. Leider stirbt Katharina im Jahr 1819 mit 31 Jahren. Wilhelm lässt auf dem Hügel der verfallenen Burg Württemberg eine Grabkapelle für sie errichten.

Zum 125-jährigen Jubiläum bestrahlt der Verein die Grabkapelle mit seinem roten Brustring. Die Inszenierung kann nicht groß genug sein. Furchtlos und treu? Auf dem Platz agiert er nur furchtlos, wenn es der Gegner zulässt. Ob der VfB nach württembergischem Vorbild ein Verein für das Volk ist, daran zweifeln viele. Der VfB-Fußball ist in einer AG ausgelagert. Der Gewinn wird in Euro gemessen, nicht in der gemeinnützigen Wirkung zum Wohl der Gesellschaft. Im Angesicht derer zu Württemberg bleibt die Frage offen, ob der Vorzeigeverein stets in der Tradition handelt, zu der er sich plakativ bekennt.

HARTE 4 FAKTEN

Lieblingsort der jungen Königin: Burg Württemberg

Rückbau der bereits verfallenen Burg: 1819

Bau der Grabkapelle: 1820–1824

Inschrift: Die Liebe höret nimmer auf

Hotel Concordia
Wo der VfB gegründet wurde

Im Fußball-Jahrbuch 1904/05 werden 14 Stuttgarter Fußballvereine aufgeführt. Die Gründerzeit des Fußballs ist turbulent und unübersichtlich. Der Sport, die Vereine und die Disziplinen finden sich. Wiesen und Sportplätze sind knapp. Erst ist Kicken auf dem Wasen erlaubt, dann verboten. Auf dem Stöckachplatz, wo der FV Stuttgart 1893 spielt, muss ein Teil für Tennis abgezwackt werden.

Es geht hin und her, auch in den Vereinen selbst. Der Cannstatter Fußball-Club (CFC) von 1890, einer der ältesten Clubs für Association Football, mausert sich zum Tennisclub und wird 1907 als solcher umbenannt. Noch im ausgehenden 19. Jahrhundert sind CFC und FV 93 führend in der Sportart, die wir heute Fußball nennen. Die Clubs beherrschen schon den Flachpass. Oft ein siegbringender Vorteil.

Auch der FV 93 hat seine liebe Mühe, sich zwischen Rugby- und Association-Regeln zu entscheiden. Zunächst setzt sich mehrheitlich Rugby durch. Der FV wird so stark, dass er 1909 das Endspiel um die deutsche Rugby-Meisterschaft erreicht. Parallel spielt der FV nach wie vor Association-Fußball. Als Sportpionier Philipp Heineken nach Amerika auswandert, gewinnen die Fußballer im FV wieder die Oberhand. Allein schon weil in dieser Sportart mehr Gegner in der Stadt zu finden sind. 1912 steht der FV 93 vor dem Aufstieg in die oberste Klasse. Sportlich stehen die Dinge gut, doch die Platzfrage wird akut. Der Verlust des Spielrechts auf dem Platz beim Karl-Olga-Krankenhaus droht.

Währenddessen ist die Platzfrage beim Kronenclub Cannstatt geklärt. Er pachtet ein Gelände an der Grenze zu Münster. Die Freundschaft zwischen den Fußballern des FV 93 und des Kronenclubs besteht längst. Eine Quelle berichtet, dass Spieler des FV 93 bei einer Tanzstunde die Bekanntschaft einiger Schwestern der Kronenclub-Spieler machten. Man kennt und schätzt sich offenbar. Und man trifft sich im Spätsommer 1911 im Hotel Concordia, um die Fusion zu besprechen. Am 2. April 1912 wird der neue VfB Stuttgart ins Vereinsregister eingetragen.

HARTE
4
FAKTEN

Altbekannt: gute Küche

Herren- und Damenfriseur: im Hause

Kalt- und Warmwasserleitung: in allen Räumen

Besonderheit: eigene Konditorei und Café

Stuttgart

Hotel Graf Zeppelin
Stuttgart ist viel schöner als Berlin

Eigentlich will die Nationalmannschaft bei der WM 2006 unter keinen Umständen nach Stuttgart. Berlin wäre besser, dort findet das Finale statt. Nach Stuttgart zu fahren, zum Spiel um den dritten Platz, gilt als Strafe. Entsprechend verdutzt sind die Spieler, als sie am Freitagabend von 8.000 Fans vor dem Hotel Graf Zeppelin gefeiert werden. Es ist ein leiser Vorgeschmack.

Am Samstag nach dem 3:1 gegen Portugal strömen die Menschen aus allen Richtungen zum Graf Zeppelin: vom Stadion, vom Public Viewing auf dem Schloßplatz, aus den Kneipen der Stadt, von Zuhause. 30.000 Menschen stehen dicht an dicht. Kurz nach halb zwölf ist es soweit: Der Mannschaftsbus erscheint am Horizont. Für die letzten 500 Meter braucht er nochmal eine Stunde.

Im Hotel kommen die Sanitäter ins Schwitzen. Fans mit Ohnmachtsanfällen werden in der Lobby erstversorgt. Dass die Anfälle nur vorgetäuscht sind, bemerken sie erst, als die vermeintlichen Patienten im ersten Stock auftauchen. Gegen 1 Uhr erreicht der Bus den abgesperrten Bereich. Schweinsteiger, Podolski und Co. stürmen die Treppe hoch. Aus dem Fenster übernehmen sie die Regie. *Football's coming home. So ein Tag so wunderschön wie heute. Stuttgart ist viel schöner als Berlin.* Sogar Oliver Kahn feiert mit.

Der Auftritt wird nach einer halben Stunde von der Polizei beendet. Unten drohen die Absperrungen zu kippen. Per Durchsage machen sich die Beamten unbeliebt. Die Fenster werden geschlossen. Nach kurzem Ärger geht die Party weiter. Jürgen Klinsmann schielt noch lange durch den Vorhang auf den Platz. Er kann das alles nicht fassen. Die Spieler flüchten über die Feuerleiter in eine Wichtig-Bar im selben Häuserblock. Dort wird bis 7 Uhr morgens gefeiert. „Stimmt nicht", sagt Andreas Feldmeyer vom Graf Zeppelin, „das war viel später". Wenig später muss der Tross zur offiziellen Feier nach Berlin. Die meisten ohne Stimme, aber mit dicken Sonnenbrillen. An diesem Sonntag will keiner widersprechen: Stuttgart ist viel schöner als Berlin.

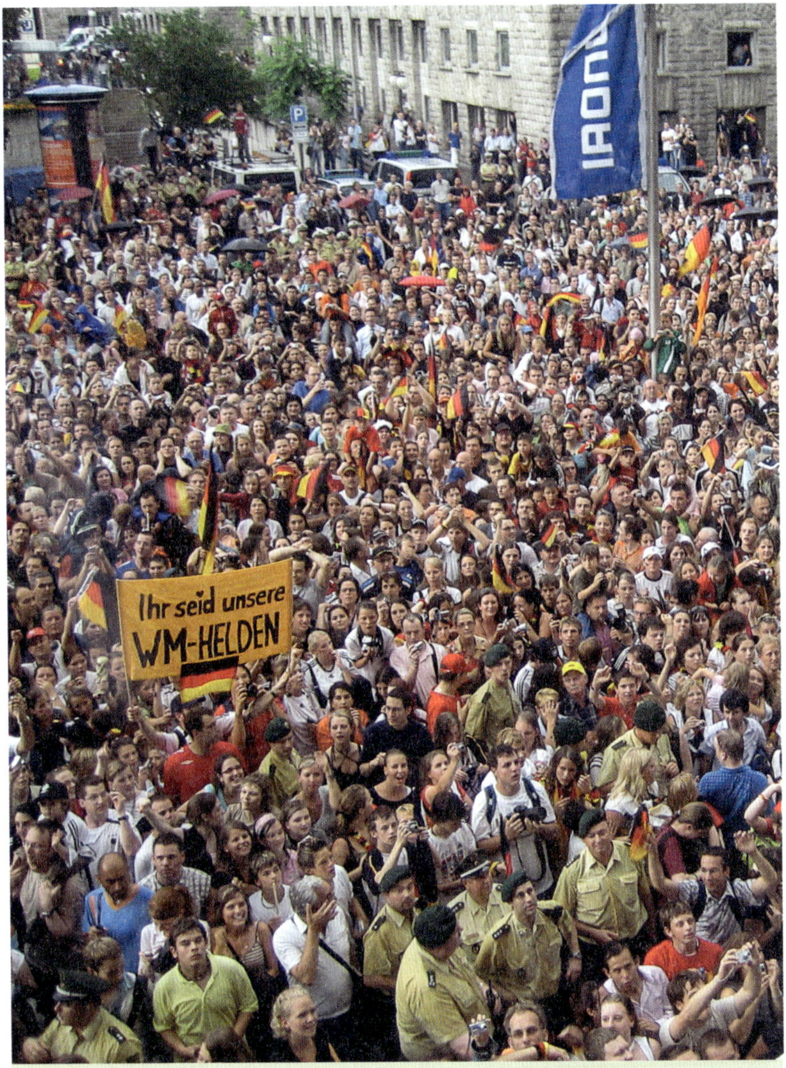

23.30 Uhr: Mannschaftsbus am Horizont

1.00 Uhr: Mannschaft im ersten Stock

1.30 Uhr: Fenster werden geschlossen

Nicht überliefert: Ende der Feierlichkeiten

Kickersplatz auf der Waldau
Württembergs bester Fußballclub (bis ca. 1950)

Früher war alles besser? Die Feststellung ist meistens gelogen. Beim Kickers-platz trifft sie zu. In den frühen Jahren sind die Kickers Serienmeister in Württemberg. 1908 werden sie beinahe Deutscher Meister. Zwei Torwart-fehler verhindern den Sieg gegen Viktoria 89 Berlin. Die Blauen Otto Löbe und Eugen Kipp spielen in der Nationalmannschaft. Dementsprechend mon-dän wird der Platz ausgestattet. Man stellt ihm eine originalgetreue Nachbil-dung der Tribüne von Arsenal London an die Seite. Der englische Holzstil gilt als etwas ganz Besonderes. Unter den Profivereinen Deutschlands sind die Kickers der Verein, der am längsten auf demselben Platz spielt. So lange, bis die Blauen abstiegen.

Die goldenen Zeiten der Kickers sind in den Fünfzigern vorüber. Noch in der Oberligasaison 1947/48 schießt der Hundert-Tore-Sturm alles vom Platz, was nicht bei drei auf den Bäumen ist. Aber die Torschützen tragen bereits lichtes Haar. Conen ist 34, Schaletzki 33 und Schmeisser 32. Aus der Jugend kommt nichts nach. 1950 holt der VfB seine erste Deutsche Meister-schaft. Zeitgleich steigen die Kickers ab. 1992 wiederholt sich diese Konstel-lation in der Bundesliga: Meister VfB, Absteiger Kickers.

Viele Geschichtsschreiber machen den Kickersplatz für das blaue Dilemma verantwortlich, besser gesagt: seinen Standort. Wenig Raum und schlechte Infrastruktur verhindern stets den Ausbau. Immer wenn die Kickers gut sind, müssen sie ins Neckarstadion umziehen – und auf die Fans verzichten, die partout nicht über den Neckar gehen. Der schmale Kickersplatz, der nie den Normen entspricht, soll auch daran Schuld sein, dass die Blauen nie gute Flü-gelstürmer haben – sagt die Legende. 2015 wird eine neue Haupttribüne ein-geweiht, die dritte an dieser Stelle. Seither ist der Platz breit genug – und die Blauen steigen in die Oberliga ab. Das schöne Holzdach der Gegengerade hat zu diesem Zeitpunkt nur 20 Jahre auf dem Buckel. Wegen Pilzbefall muss es trotzdem abgerissen werden. Früher war alles besser.

HARTE 4 FAKTEN

Eröffnung Kickersplatz 18.6.1905: Kickers – Phönix Karlsruhe 3:3

Einweihung 1. Holztribüne: 1913 durch d. Kronprinz v. Württem.

Einweihung 2. Haupttribüne 1975: Kickers – FK Pirmasens 3:1

Einweihung 3. Haupttribüne 2015: Kickers – Bielefeld 0:2

Kirche St. Barbara

Bei der Stuttgarter Madonna

Wenn der VfB gewonnen hatte, bedankte sich der Präsident bei der Stuttgarter Madonna in der Kirche St. Barbara in Hofen. Der Gottesdienst am Sonntagmorgen war Pflicht. Seit dem Mittelalter ist das kleine Kirchlein ein beliebter Wallfahrtsort. Mayer-Vorfelder erschien stets in Begleitung seiner Frau. Manchmal, wenn er am Abend zuvor zu viele Viertele geschlotzt hatte, soll er gottesfürchtig bei der Andacht eingeschlafen sein, mitunter sogar hörbar.

Der erzkonservative Mayer-Vorlader saß dem VfB über ein Vierteljahrhundert vor. In seine Zeit fallen zwei Meisterschaften. Danach wurde der Berufspolitiker DFB-Präsident. Seither gilt: Wenn der VfB in der Krise steckt, tauchen immer welche auf, die behaupten, dass „des beim MV net bassiert wär". Dabei wies Fußballhistoriker Nils Havemann nach, dass der VfB in MVs Zeit den Anschluss an die Großen verlor: „Ihm fehlte der unternehmerische Geist eines Uli Hoeneß. Er verließ sich lieber auf seine politischen Kontakte, als über innovative Wege zur Erschließung weiterer Geldquellen nachzudenken."

Mayer-Vorgestern war nicht immer auf Ballhöhe. Als Kultusminister stellte er fest, dass es nicht schaden könne, wenn Schüler alle drei Strophen des Deutschlandliedes beherrschen würden, also inklusive *Deutschland über alles in der Welt*. MV polarisierte nach Kräften. Nur eines konnte man ihm nie absprechen: die Liebe zum VfB Stuttgart. Nachwuchsförderung lag ihm stets am Herzen. Als DFB-Präsident sorgte er für die Rückendeckung für Jürgen Klinsmann, gegen dessen Reformen manche rebellierten.

Mayer-Vorstopper ging keiner Konfrontation aus dem Weg: „Ich glaube nicht, dass Wegducken und Leisetreterei Politik und Demokratie befördern. Vielmehr heißt es, aufrecht zu bleiben, zu seiner Auffassung zu stehen ..." Aber er ließ andere Meinungen gelten. Mit Querdenker Karl Allgöwer hat er sich beispielsweise gut verstanden, sagt Allgöwer selbst. Darüber konnte sich Mayer-Trollinger lange unterhalten. Wenn es sein musste, bis kurz vor dem Kirchgang.

HARTE 4 FAKTEN

Kultus- und Finanzminister Baden-Württembergs: 1980–1998

Präsident und Ehrenpräsident des VfB Stuttgart: 1975–2015

Präsident und Ehrenpräsident des DFB: 2001–2015

Mitglied im Exekutivkomitee der UEFA und der FIFA: 1992–2009

Stuttgart

Kräherwald

Blindes Verständnis

Versuchen Sie mal, mit geschlossenen Augen einen Ball zu stoppen. Dann dribbeln Sie in eine Richtung, die Sie nicht sehen und schießen zum Schluss auf ein Tor, von dem Sie nicht wissen, wo es überhaupt steht. Die erstaunlichsten Fußballspieler Württembergs trainieren am Kräherwald: die Blindenfußballer des MTV Stuttgart. Damit Sie wissen, wo der Hammer hängt: Der MTV ist sechsmal Deutscher Meister und führt entsprechend die ewige Tabelle der Bundesliga an. Kurz die wichtigsten Regeln: Das Spielfeld ist 40 Meter lang und 20 Meter breit. Im Tor, das so groß ist wie ein Hockeytor, steht der einzige Spieler, der sehen kann. Vier blinde Spieler pro Mannschaft versuchen, das Runde ins Eckige zu versenken. Im Ball sind Rasseln eingebaut. Man spielt nach Gehör. Das Spielfeld wird von Banden begrenzt. Die Spieler tragen einen Kopfschutz. Von außen assistieren bis zu drei Coaches mit präzisen Kommandos.

Schwieriger kann eine Sportart kaum sein. Gehör, Koordination, Ballgefühl und Mut sind aufs Äußerste gefordert. Blindenfußball ist nicht nur körperlich ermüdend. Es geht vor allem darum, die Konzentration hoch zu halten. Auch die Kommunikation ist wichtig. „Voy" lautet das Wort, das man rufen muss, wenn man sich dem Gegner nähert. Wörtliche Übersetzung: „Ich komme!" Blindenfußball stammt aus Südamerika. Seit vielen Jahren gehört es zu den paralympischen Sportarten. International ist Brasilien führend. National gesehen spielt der MTV eine führende Rolle. Immer wieder schaffen Jungs aus Stuttgart den Sprung in die Nationalmannschaft. Der Standort Kräherwald ist deshalb praktisch, weil er gegenüber der Nikolauspflege liegt. Manche der Spieler lernen und arbeiten in dieser Einrichtung, die sich blinden, sehbehinderten und mehrfach behinderten Menschen verschrieben hat.

Alles verstanden? Dann spielen Sie mit. Alle Spieler tragen eine Dunkelbrille, damit jeder die gleichen Chancen hat – auch diejenigen, die über einen Sehrest verfügen. Falls Sie einen Ball treffen, gibt es dafür nur ein Wort: Respekt!

HARTE
4
FAKTEN

Deutsche Meisterschaften seit: 2008

Deutsche Meistertitel MTV: 6

Mitglieder der MTV-Blindenfußballabteilung: 15

Kapitän der Nationalmannschaft: Alexander Fangmann

Stuttgart

081

Mercedes-Benz Museum
Einsteigen zur Zeitreise

Die Orte verändern sich. Die Geschichten bleiben. Das gilt für alle Plätze, die in diesem Buch versammelt sind, bis auf einen. Im Mannschaftsbus der WM 74 ist alles exakt genau so, wie es früher war. Scheinbar hat sich nichts verändert. Dabei handelt es sich um kein Original, sondern ein Replikat. Daimler-Ingenieure haben den Omnibus O 302 detailgetreu nachgebaut – vom Kühlschrank bis zum Aschenbecher, vom Sitzbezug bis zur Klimaanlage, vom Seitenblech bis zum Tip-und-Tap-Aufkleber passt alles perfekt. Der O 302 musste nach alten Plänen nachgebaut werden, weil die Originale verschwunden sind. Die 16 Sondermodelle, die für die Mannschaften des Turniers im Einsatz waren, wurden ans Werk zurückgegeben und weiterverwendet. Ein Bus ist ein Nutzfahrzeug, den stellt man nicht nach wenigen Kilometern in die Garage. Manche wurden umlackiert, andere nicht. Alle sind mit der Zeit verschwunden. Irgendwo.

Dass man einsteigen kann, ist keineswegs selbstverständlich. Es handelt sich um eines der wenigen Exponate des gesamten Museums, in das die Besucher einsteigen dürfen. Zeitreisende werden lediglich von der nervigen Fußball-ist-unser-Leben-Kassette gestört, die jedes Mal losscheppert, wenn jemand den Bus betritt.

Wer zu dieser Zeitreise aufbricht, wird reichlich belohnt. Man kommt sich vor, als wäre man im Time Tunnel. Nehmen Sie ruhig Platz und warten Sie, bis Heinz Flohe und Sepp Maier kommen, bis Bernd Hölzenbein und Paul Breitner den Bus betreten. Bleiben Sie so lange sitzen, bis Bundestrainer Helmut Schön und Assistent Jupp Derwall in ihren hellblauen Ausgeh-Trainingsanzügen Platz nehmen und dem Busfahrer das Kommando zur Abfahrt geben. Bitte vergessen Sie dabei nicht, sich zu erkundigen, wozu die Aschenbecher notwendig waren, die unter jedem Fenster der Sondermodelle des O 302 angebracht sind. Hat tatsächlich jemand auf dem Weg zum Spiel geraucht? Wenn Sie dann wieder aus dem Jahr 1974 in die Gegenwart zurückkehren, würde sich der Autor über Hinweise zum Rauchverhalten freuen.

HARTE
4
FAKTEN

Weltweite Suche nach einem Original O 302: ca. zwei Jahre

Bauzeit für das Replikat: mehr als ein Jahr

Teamstärke für den Nachbau: 15 Personen

Fertigstellung des Replikats: 2005 zur IAA

Stuttgart

Neckarstadion
Mythos und Standort

Die Frage, warum ausgerechnet der VfB zum größten Fußballverein Württembergs aufstieg, hat viele Antworten. Das goldene Jahrzehnt in den Fünfzigern gehört dazu. Die traditionell hervorragende Jugendarbeit auch. Eine weitere, recht einfache Tatsache sollte keineswegs vergessen werden: Dem Verein für Bewegungsspiele steht seit 1933 ein passendes Stadion zur Verfügung. Der Standort ist aus VfB-Sicht ideal gewählt. Zwar nah an den Wurzeln des Vereins, aber mit genügend Raum zur Weiterentwicklung. Baulich und infrastrukturell.

Seit seiner Eröffnung als Adolf-Hitler-Kampfbahn wird das Stadion weitergebaut. Erst größer, dann komfortabler, dann mehr und mehr angepasst an die Nummer-1-Sportart Fußball. Die Maßnahmen werden stets mit öffentlichen Geldern unterstützt. Bei Großevents ist das gesamtgesellschaftliche Interesse der baulichen Veränderung offensichtlich, beispielsweise bei den Fußball-Weltmeisterschaften 1974 und 2006 sowie bei der Leichtathletik-WM 1993. Andere Sportarten verlieren an Stellenwert. Schließlich wird das Stadion eine reine Fußball- und Eventarena.

Aus der Baugeschichte geht als größter Profiteur hervor: der Verein mit dem Brustring. Der Standortvorteil des VfB kann sogar Phasen sportlichen Missmanagements kompensieren, die sich der Klub immer wieder leistet. Der VfB bleibt in Württemberg trotzdem vorne.

Tatsächlich ist die Ortskontinuität des VfB bemerkenswert. Seit 1933 werden Heimspiele in diesem Stadion ausgetragen – und das nur wenige Meter von den ersten VfB-Plätzen auf dem heutigen Wasen entfernt. Auch die große Wasenfreifläche kommt dem VfB zugute – als schnöder Parkplatz sowie für halbspontane Meisterfeiern wie beim Wiederaufstieg in die Bundesliga im Jahr 2017.

So gehört das Neckarstadion längst zu den großen Sehnsuchtsorten des deutschen Fußballs. Über viele Epochen hinweg grundsolide gebaut von schwäbischen Ingenieuren. Nur einen Sitzplatz kann man nicht sicher fixieren: Der Trainerstuhl ist seit jeher der wackeligste der gesamten Liga.

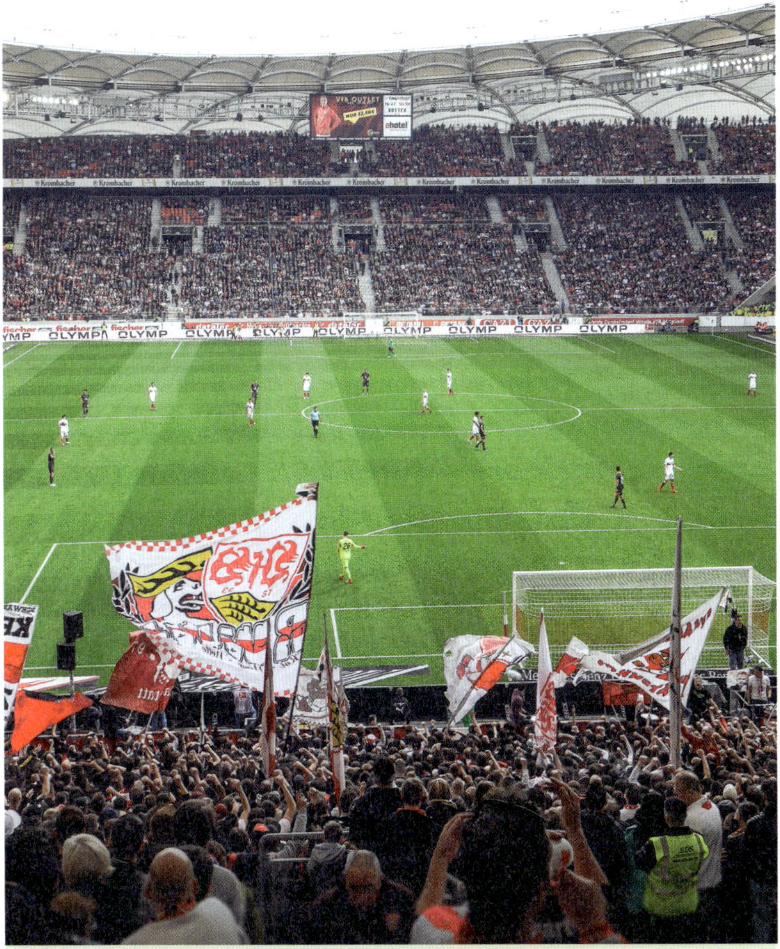

HARTE 4 FAKTEN

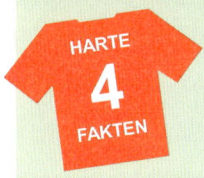

Ersterrichtung 1933: rund 2,35 Mio. Reichsmark
Umbau 1974: rund 24,5 Mio. Deutsche Mark
Umbau 1993: umgerechnet 27,3 Mio. Euro
Umbau 2009 bis 2011: rund 77,8 Mio. Euro

Obertürkheim, Hafenbahnstraße
Die Jugoliga

Das gab's noch nie in der Fußballwelt – und nie wieder danach: eine Liga, die in einem Land gespielt wird, aber unter der Hoheit eines anderen Fußballverbandes steht.

Gastarbeiter aus Jugoslawien gründen in den siebziger Jahren eine eigene Liga. Die Ergebnisse werden nach Belgrad gemeldet. Der dortige Verband unterstützt mit Trikots, Trainingsanzügen und Pokalen. Fußballidole aus der Heimat werden nach Deutschland geschickt, um die Kicker in der Fremde zusätzlich zu motivieren.

Adria Tuttlingen, Bosna Weinsberg, Radnicki Ludwigsburg, Jug Stuttgart und viele andere spielen ab 1971 in der Jugoliga. Die Keimzelle ist in Stuttgart. Auch der NK Neckar ist dabei. Der VfB Obertürkheim gewährt dem Nogometni Klub das Platzrecht.

Dort spielt auch Gokjo Cizmic, der Erinnerungsstücke und Dokumente aus dieser Zeit sammelt. Cizmic berichtet von Spielen mit über 3.000 Zuschauern, sagt aber auch: „Wir waren eine Ghettoliga." Die Spieler freuen sich über ein Stück Heimat. Gleichzeitig nutzen sie die Gelegenheit, den Frust loszuwerden, der sich angestaut hat. Die Organisatoren tun sich schwer, Schiedsrichter zu finden, die die Hitzköpfe pfeifen wollen. Wenn gespielt wird, kommt jedoch meistens ein feines Spiel zustande. Viele Spieler stammen aus höherklassigen Teams. Sie treten gleich zweimal pro Wochenende an.

Als die Liga beliebter wird, versucht der jugoslawische Fußballverband den Radius von Baden-Württemberg auf ganz Deutschland auszuweiten. Der Schuss geht nach hinten los. Als DFB und Württembergischer Fußballverband (wfv) begreifen, dass die Kickerei der angeblichen Kulturvereine beliebt wird, befehlen sie die Angelegenheit unter ihre Obhut. Die Geschichte geht zwar weiter – aber unter dem Dach des wfv. Integration sieht anders aus, denn die Jugoliga bleibt weiterhin für sich. Als separate Spielklasse überlebt sie bis Ende der Achtziger. Vielleicht markiert das Ende der Jugoliga den Beginn echter Integration. Schließlich gibt der Balkankonflikt der Liga den Rest.

HARTE 4 FAKTEN

Vereine in der Premierensaison 71/72: 13

Erster Meister: Metalac Stuttgart

Vereine am Höhepunkt der Jugoliga: 87

Strafzahlungen an den wfv innerhalb einer Saison: 16.000 DM

Stuttgart

Sportfreunde-Platz auf der Waldau

Die Grünen

Grün ist durchaus eine Farbe des Stuttgarter Fußballs, aber das ist lange her. Die Sportfreunde Stuttgart sind ein typischer Arbeiterverein, geprägt von Heslach, das damals Karlsvorstadt genannt wird. Vereinsfarbe grün, politisch eher rot. Aber im Nesenbachtal ist es eng. Darum bekommen die Freunde einen Platz auf der Waldau. Schließlich gibt es eine Zahnradbahn. 1921 werden die Sportfreunde nach Siegen gegen die Kickers und den Karlsruher FV Meister in Württemberg/Baden. Auf dem Weg zum Deutschen Meister bleiben sie an Borussia Neunkirchen hängen. Zwischen 1933 und 1944 spielen sie in der Gauliga. Deren ewige Tabelle verzeichnet sie als Dritten, knapp hinter Kickers und VfB.

Was die Sportfreunde einzigartig macht, ist der Name Kronenbitter. Er taucht bis zu fünfmal im Spielbericht auf – und zwar mit den Vornamen Franz, Heini, Kurt, Leo und Siegfried. Der Vater des Fünf-Brüder-Sturms war Jugendleiter.

Nach dem Krieg steigen die Freunde in die Oberliga auf. Dort stehen leider nur vier Siege zu Buche. Beim 1:0-Auftaktsieg gegen Ulm vor 10.000 Zuschauern standen noch zwei von fünf Kronenbitter-Brüder in der Startelf.

Legendär wird das Derby gegen den Platznachbarn Kickers am 14. März 1948. Zwei der Kronenbitter-Brüder spielen noch bei den Freunden, Kurt und Sigi sind zu den Blauen gewechselt. Über die Familien-Verbindung wird eine Anfrage an Kickers-Mäzen und Lederfabrikant Hugo Nathan gestellt, ob es nicht möglich wäre, dass man in Heslach elf Paar Fußballstiefel bekommen könne. Doch so großzügig ist Nathan auch wieder nicht. Die Absage nehmen die Sportfreude als Motivationsspritze. Sie fertigen den 100-Tore-Sturm der Kickers mit 3:0 ab. Weil die Blauen im Meisterrennen stecken, tut die Niederlage doppelt weh. Für Grün ist der Sieg letztlich wertlos. Die Freunde steigen ab. Es war ihre letzte Saison in der höchsten deutschen Spielklasse. Viele Spieler haben den Zenit überschritten, die anderen wechseln dorthin, wo man wirklich etwas verdienen kann.

Finale Württemberg 1921/22: Sportfreunde – Kickers 1:0 / 2:2

Finale Württemberg/Baden 1921/22:
Sportfreunde – Karlsruher FV 1:0 / 1:1

Endrunde Süddeutsche Meisterschaft 1921/22:
Sportfreunde – Neunkirchen 0:1

Sportfreunde – SV Stuttgarter Kickers (1948): 2:5 / 3:0

Schlotwiese
Im Krieg gefallen

Ein starker Jahrgang in der A-Jugend ist eigentlich ein Segen für jeden Verein. Entwickelt er sich am Anfang der vierziger Jahre des vorigen Jahrhunderts, wird er zu einer Tragödie.

Schon in der Zwischenkriegszeit gilt der FV Zuffenhausen als unbequemer Gegner für alle etablierten Klubs. Lästigerweise ist der FVZ Dauergast in der Gauliga Württemberg. Wenn allerdings diese A-Jugend hoch kommt, dann wird es noch viel besser, davon ist man auf der Schlotwiese überzeugt. In der Mannschaft spielt der junge Robert Schlienz, der Tore am Fließband liefert. Mit 17 Jahren kickt er in zwei Zuffenhausener Teams, morgens in der A-Jugend und nachmittags in der ersten Mannschaft. Am Ende der Saison 1942 ist der Nachwuchs Württembergischer Meister. Absolut unangefochten. Mit einem unglaublichen Torverhältnis von 371:45. Aber dann werden die Jungen statt in die erste Mannschaft in den Krieg geschickt. Die Hälfte des Jahrhundertjahrgangs kommt ums Leben. Auch unter den Daheimgebliebenen gibt es Opfer. Auf der Liste der Alliierten stehen kriegswichtige Ziele ganz weit oben. Zuffenhausen hat einige davon: Porsche, Bosch und andere. Der Vorort ist komplett zerstört. Der Wiederaufbau dauert. Nach dem Krieg kommen die Flüchtlinge. Auf der Schlotwiese stehen Barackendörfer. Dazwischen wachsen Kartoffeln.

Robert Schlienz hatte Glück im Unglück. Im Krieg wurde sein Kiefer zertrümmert. Es hätte schlimmer kommen können als diese Narbe. Schlienz hängt zwar an Zuffenhausen, aber der aufstrebende VfB versammelt schnell eine namhafte Mannschaft. Schlienz wechselt an den Wasen und wird auf Anhieb Meister der neugegründeten Oberliga Süddeutschland. Schlienz trifft wie einst in der A-Jugend: 42 Treffer in einer Saison. Auch später bringt Zuffenhausen noch zahlreiche Talente hervor.

Aber die Bindung zur Fußballheimat Zuffenhausen lässt nach. Der Nachwuchs wechselt immer früher. Der glorreiche FV rutscht tiefer in die Kreisklassen, bis in die Bezirksliga Stuttgart. 2013 geht er schließlich komplett im SSV Zuffenhausen auf.

HARTE
4
FAKTEN

Gründung FV Zuffenhausen: 1898

A–Jugend Zuffenhausen — A–Jugend VfB Stuttgart: 6:1 (1942)

A–Jugend Zuffenhausen — A–Jugend Stuttgarter Kickers: 7:0 (1942)

Übertritt zum SSV Zuffenhausen: 2013

Stuttgart

Schwemme
Der Gourmettempel

Bewertungen bei Google können nicht irren. Don Mac Begbie schreibt: „Schon im ersten Moment weiß man, dass diese Gastronomie sich zwischen Himmel und Erde bewegt. Das argentinische Rindersteak ist von vollkommener Grazie und geschmacklich wie der Kuss Gottes." Jens sekundiert: „Ein Gedicht, immer wieder gerne. Sehr zu empfehlen das Carpaccio vom Rind mit Parmesan und Rucola vorab und dazu ein lauwarmes Schlossbräu aus der Flasche (Klingt komisch, harmoniert aber sehr gut mit den exquisiten Fleischsorten. Ich war vor dem Probieren auch skeptisch)." 4,5 Google-Sterne gibt's im Schnitt für die Schwemme – bei 244 Bewertungen.

Wer vom Stadion kommt und in Richtung Cannstatter Bahnhof eine gepflegte Fußballgastronomie aufsuchen möchte, tut gut daran, den frühen Verlockungen zu widerstehen. Einige Gaststätten in der Daimlerstraße sind zwar nach dem Spiel gut besucht, doch nicht nur Brandlöcher in den Häkeldeckchen sorgen bei Gastrokritikern für Punktabzüge. Das Publikum ist entsprechend. Nicht jede Kneipe, die von Einheimischen frequentiert wird, muss man gesehen haben.

Dem toleranten Fußballfan sei empfohlen, ein paar Schritte weiter zu gehen. Schräg gegenüber des Cannstatter Bahnhofs empfiehlt sich ein Tempel der extremen Bodenständigkeit. Weder von außen noch von innen, erscheint er einladend. Die Architektur erinnert an den Bürocontainer eines dubiosen Gebrauchtwagenhändlers. Aber Ambiente wird überbewertet. Wer auf Substanz achtet, ist in der Schwemme richtig. Das Bier läuft. Der Boden klebt. Schnapsgläser sind in großen Mengen vorhanden. Brandlöcher in Deko-Deckchen kommen nicht vor, weil die Deckchen gänzlich fehlen. Getränke sind in ausreichenden Mengen bevorratet. Öffnungszeiten sind großzügig bemessen.

Trotz der Empfehlung sei zur Sicherheit hinzugefügt: Abzeichen anderer Vereine als derjenigen, die aus Cannstatt stammen, sollte man nicht plakativ zu Schau stelltten. Und ach … wer Google-Bewertungen vertraut, der ist echt selbst schuld.

HARTE
4
FAKTEN

Schattige Kastanien im Biergarten: 0

Zigarrenlounge: in Planung

Cocktailbar: noch nicht fertiggestellt

Frauen-Parkplätze: nicht ausgewiesen

Stuttgart

SC-Platz am Stadion Festwiese

Die Jungs vom Gaskessel

Ruhm ist vergänglich, man muss nur warten. Wer kennt heute noch den Stuttgarter SC, der einst als dritte Kraft im Stuttgarter Fußball gefürchtet war? Die Jungs vom Gaskessel kickten immer in der obersten Liga – bis zum Zweiten Weltkrieg jedenfalls.

Ein Klub für Fußballromantiker: Verwurzelt im Stuttgarter Osten, verbunden mit den Menschen des Straßenbahndepots und des Schlachthofs. Die Sportler schuften für den Verein, mehrmals müssen sie ihr Spielfeld verlegen. Vor dem Ersten Weltkrieg firmiert man als Stuttgarter Union 1900. Danach geht man mit dem Gablenberger Nachbarn zusammen, der SC entsteht. Im Ost-Revier gilt: Gemeinsam kommt man weiter, außerdem verbindet die Abneigung gegen die andere Neckarseite. Dort spielt der Erzfeind, ein gewisser VfB Stuttgart. Viele Jahre behält der SC gegenüber dem VfB die Nase vorn. Den schöneren Platz hat er sowieso. Geadelt wird die Anlage gegenüber des Gaskessels durch die Austragung eines Länderspiels. 25.000 Zuschauer sehen im Dezember 1924 ein 1:1 gegen die Schweiz.

Der sportliche Sinkflug beginnt nach dem Zweiten Weltkrieg – und zwar in den ersten Sekunden. Die Initiative zur Gründung einer neuen Oberliga erfolgt rasch, ausgehend vom VfB-Präsidenten Dr. Fritz Walter. Er spricht sich in der Fellbacher Krone mit anderen Vereinsvertretern ab. Aus jeder Metropole in Süddeutschland sind zwei Vereine für die neue Liga vorgesehen, für Stuttgart sind es die Kickers und der VfB als Initiator. Der Sportclub wird nicht gefragt.

Auch bei der Zusammenstellung einer 2. Liga fehlt er. Der Sportclub wird in die 1. Amateurliga Württemberg eingeteilt. 1956 geht's noch eine Klasse tiefer. Zeitgleich ein weiterer Nackenschlag: Die Gasfabrik wird erweitert. Der SC-Platz wird geräumt. Der Sportclub muss auf die andere, von Ostheim aus gesehen falsche Neckarseite ausweichen. Heute hat der Sportclub jede Unterstützung nötig. Bei jedem Bundesligaspiel des VfB Stuttgart bietet sich die Gelegenheit. Das SC-Vereinsheim liegt direkt hinter dem Stadion Festwiese.

HARTE 4 FAKTEN

Südkreisliga Württemberg: 1909–1914 (höchste Spielklasse)

Kreisliga Württemberg: 1923–1929 (höchste Spielklasse)

Gauliga Württemberg: 1933–1943 (höchste Spielklasse)

Landesliga Württemberg: nach 1946 (dritthöchste Spielklasse)

Veielbrunnen
Die Quelle des Fußballs

„Dieses köstliche Naß des Sauerbrunnens, der nie versiegenden und das ganze Jahr seine Temperatur beibehaltenden Quelle, wie oft hat sie unsere durstigen Kehlen nach einem anstrengenden Spiel gelabt und den müden Leib erquickt. Noch heute sehe ich mich im Geiste wieder über den aus dem Boden springenden Strahl gebeugt und ... das prickelnde Mineralwasser in langen und vollen Zügen mit Behagen einschlürfen."

Diese Hymne an den Veielbrunnen formulierte Philipp Heineken, der Cannstatter Fußballpionier in seinen Erinnerungen an den Cannstatter Fußball-Club. Die Oberamtsstadt galt damals als Schwabens Paradies. Bäder, Kliniken und feine Hotels lockten internationale Gäste, unter anderem Engländer. Manche dieser Familien blieben am Neckar. Deren Söhne kickten mit den Einheimischen auf dem Wasen.

Heineken ist Schriftführer des Cannstatter Fußball-Clubs, der sich 1890 gründete, aber als lose Spielgemeinschaft schon zwanzig Jahre zuvor bestand. Dem begeisterten Sportpionier verdanken wir ausführliche Berichte über den Cannstatter Sport im ausgehenden 19. Jahrhundert. Ihm zufolge ist die damalige Kleinstadt die Keimzelle des deutschen Ballsports. Heineken bezieht sich auf William Cail, der ihm schriftlich versichert, er hätte bereits 1865 als Sechzehnjähriger in Cannstatt Ballspiel betrieben. Cail wird später Präsident des englischen Rugby-Verbandes.

Das frühe Datum ist aus zwei Gründen bemerkenswert. Erstens sind Association Football (Soccer) und Rugby zu diesem Zeitpunkt noch nicht sauber getrennt. Philipp Heineken beschreibt die Regeln, nach denen damals in Cannstatt gespielt wird, als eine Mischform, die sich jährlich veränderte. Zweitens handelt es sich um die früheste Erwähnung von Ballsport in Deutschland.

Wer heute ahnen will, wie Fußball damals geschmeckt hat, kann einen Schluck aus dem Cannstatter Veielbrunnen nehmen. Das staatlich anerkannte Heilwasser ist im Aroma seit 1865 im Wesentlichen unverändert. Wohl bekomm's!

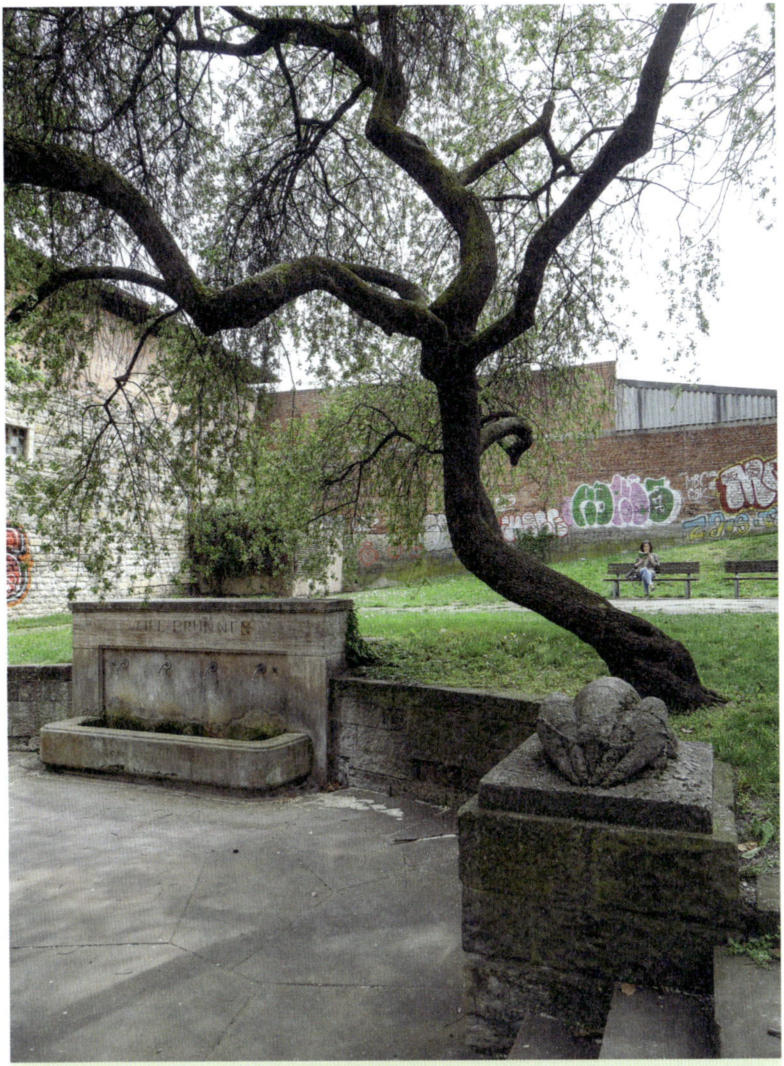

Renovierung nach der Zerstörung im Krieg: 1953

Bohrungstiefe: 36 Meter

Wassercharakteristik: Heilwasser mit hohem Eisengehalt

Anzahl öffentlicher Brunnen in Bad Cannstatt heute: 15

Wacholderweg

Der einfallsreichste aller Schiedsrichter

Rudolf Kreitlein war bei Journalisten besonders vor WM-Turnieren ein gefragter Mann. Im kleinen Haus im Degerlocher Wachholderweg bekamen sie die Geschichte von der Erfindung der roten und gelben Karten im Originalton geliefert. FIFA-Schiedsrichter Kreitlein war zwar längst pensioniert, trotzdem empfing er seine Gäste im DFB-Trainingsanzug. Sein Wohnzimmer war ein Museum. Und er erzählte gerne von damals bei der WM 66, als der argentinische Kapitän Rattin partout nicht vom Platz wollte. Dabei hatte ihn Kreitlein mit einem klaren *Now is end for you* vom Platz verwiesen. Sieben Minuten hatte es gedauert, bis Rattin vom Platz war. Viel zu lange, nicht nur nach Kreitleins Geschmack.

Tags darauf sprach er mit seinem Kollegen Ken Aston über die Szene. Als sie an einer Ampel standen, schlug Aston Farbkarten vor. Gelb für Achtung. Rot für Stopp. Vier Jahre später, beim Turnier in Mexiko, hatten die Unparteiischen farbige Karten dabei.

Der Schneidermeister, der sich seine Trikots selbst nähte, war ein großer Erfinder. Seine zweite große Idee ist dabei fast in Vergessenheit geraten. Das Patent wurde am 23. Mai 1981 angemeldet. Gemeinsam mit einer Schwabacher Sportartikelfirma entwickelte er Kreitleins Funk-Commander (KFC). Kreitlein hatte erkannt, dass die Verbindung zwischen Linienrichter und Schiedsrichter verbesserungswürdig war. Also gab er den Assistenten eine Fahne mit einem Knopf in die Hand, um sich beim Schiedsrichter bemerkbar zu machen. Aber die Verbände ignorierten den KFC. FIFA-Generalsekretär Blatter störte sich an den Kosten: „500 Mark – das ist zu viel für die kleinen Klubs in den armen Ländern."

15 Jahre später war das Geld plötzlich da. Kreitlein hätte es verdient. Aber zu diesem Zeitpunkt war die technische Umsetzung des Funksystems überholt, wie es im KFC-Patent hinterlegt war. Außerdem wussten alle, dass der Weltfußballverband nicht die besten Menschen hat, aber die besten Anwälte. Die Ehre, das System erfunden zu haben, gebührt dem tapferen Schneider trotzdem.

HARTE 4 FAKTEN

Finale Weltpokal 1965:
Inter Mailand – CA Independiente Buenos Aires 3:0

Finale Europapokal der Landesmeister 1966:
Real Madrid – FK Partizan Belgrad 2:1

Vorrunde WM 1966: UdSSR – Italien 1:0

Viertelfinale WM 1966: England – Argentinien 1:0

Waldebene Ost

Der Osten ist rot

Seit jeher ist Fußball politisch – und in den zwanziger Jahren des vergangenen Jahrhunderts sowieso. Im Osten der Stadt ist der Arbeiterfußball stark. In Gaisburg, Wangen und Hedelfingen wird mehrheitlich SPD und KPD gewählt. Noch heute zeugt die Siedlung Ostheim von den Idealen. Der *Verein für das Wohl der arbeitenden Klassen* baut und verwaltet die Häuschen mit ihren schönen Erkern und Giebeln. Das sehenswerte Quartier ist bis heute erhalten.

Weil Freiraum am Hang und im Talkessel zu allen Zeiten knapp ist, werden den Vereinen aus den östlichen Stadtteilen Flächen auf der Waldebene zur Verfügung gestellt. Der Gegensatz zwischen Bürgertum und Arbeitern spiegelt sich im Fußball. Bürgerlich gekickt wird im DFB. Die sogenannten Arbeitervereine sind im ATSB (Arbeiter-Turn- und Sportbund) organisiert.

Im Jahr 1928 gehören 25 von 209 Stuttgarter Vereinen zum ATSB. Der Arbeiter Turn- und Sportverein Stuttgart-Ost ist einer der erfolgreichsten Vereine. In den Jahren 1923, 1926 und 1929 holt er die Meisterschaft. Aber ausgiebige Feiern und Bestenlisten sind verpönt. Sie würden den Zusammenhalt der großen Arbeitersportfamilie gefährden. Wichtiger als jeder Sieg ist die sportlich gelebte Solidarität „gegen die Reaktion", also das politische Engagement.

Die ideologische Überlagerung gefällt nicht jedem. Immer wenn Geld dazu kommt, sind die guten Spieler nicht mehr zu halten. Die Zeitung *Der Arbeiter-Sportler* meckert: „Es ist eine alte Tatsache, dass der bürgerliche Sport bis auf den Grund versumpft ist."

Nach der nationalsozialistischen Machtübernahme 1933 ist Schluss mit solchen Tönen. Die Nazis verbieten den linken Arbeitersport. Nach dem Krieg formieren sich die Vereine aus Gaisburg und Ostheim neu – mit einer Fusion zur SpVgg Stuttgart-Ost 1886. Auch der legendäre Pfeil Gaisburg, der im Jahr 1921 in der höchsten bürgerlichen Liga Württembergs antritt, geht dort auf. 2019 fusionieren weitere Traditionsvereine des Stuttgarter Ostens zum FSV Waldebene Ost.

HARTE 4 FAKTEN

Reichstagswahlen 1924 in Gaisburg: 33 % KPD

Kommunalwahlen 1928 in Gaisburg: 46 % SPD

Mitglieder in Stuttgarts Sportvereinen 1928 gesamt: 74.233

davon Mitglieder in Arbeitersportvereinen: 8.135

Stuttgart

Waldhotel
Denkt an Eigendorf

Die *Stuttgarter Zeitung* platziert am 8. März 1983 zwei Artikel untereinander, scheinbar ohne jeden Zusammenhang: den Vorbericht zum innerdeutschen Freundschaftsspiel des VfB Stuttgart gegen Dynamo Berlin und die Nachricht vom Unfalltod Lutz Eigendorfs. Der ehemalige DDR-Nationalspieler war am Wochenende gegen einen Baum gefahren. Der Unfall ist ein perfektes Verbrechen. Verübt von der Stasi, aber bis heute nicht gerichtsfest nachgewiesen. Jahre zuvor hatte Eigendorf ein Auslandsspiel genutzt, um bei einem Toilettenhalt zu fliehen. Stasi-Chef Erich Mielke wird es später immer wieder erwähnen: „Denkt an Eigendorf." Auch die Spieler, die für Stuttgart nominiert sind, haben bereits vom Tod Eigendorfs erfahren.

Als die Mannschaft vom BFC Dynamo nach Stuttgart reist, ist kein Halt notwendig. In den neuen Mannschaftsbussen wurden Toiletten eingebaut. Erstmals! Das Waldhotel ist ideal für die Dynamo-Aufpasser. Am Waldrand gelegen, ziemlich außerhalb. Perfekt, damit die Mannschaft keine Gelegenheit zu West-Kontakten erhält. Für das Mannschaftsessen reservieren die Ost-Berliner einen eigenen Saal. Allerdings führt der Weg von der Rezeption in diesen Saal direkt durchs öffentliche Restaurant. Darum sind die Spieler angewiesen, an der Rezeption zu warten, damit man gemeinsam – außen rum – in den eigenen Raum marschiert.

Rainer Ernst, ehemaliger Stürmer des BFC Dynamo, hat solche Spielchen oft mitgemacht. Heute schmunzelt er darüber: „Wenn einer von uns los wollte, hätten die das niemals verhindern können. Wer hätte uns aufhalten sollten?", fragt er, „auf keinen Fall einer von den fetten Funktionären, die kaum noch laufen konnten."

Das Spiel selbst ist engagiert und hochklassig. Ziemlich schnell liegt der VfB mit 0:3 hinten. Kurz vor Schluss können die Stuttgarter allerdings sogar noch das 4:3-Siegtor erzielen. Die Sportführung der DDR ist dennoch zufrieden. Dynamo demonstriert, dass man mit der Bundesliga auf Augenhöhe spielt. Am nächsten Morgen fährt der Bus nach Ost-Berlin zurück – ohne Pinkelpause und ohne Verluste.

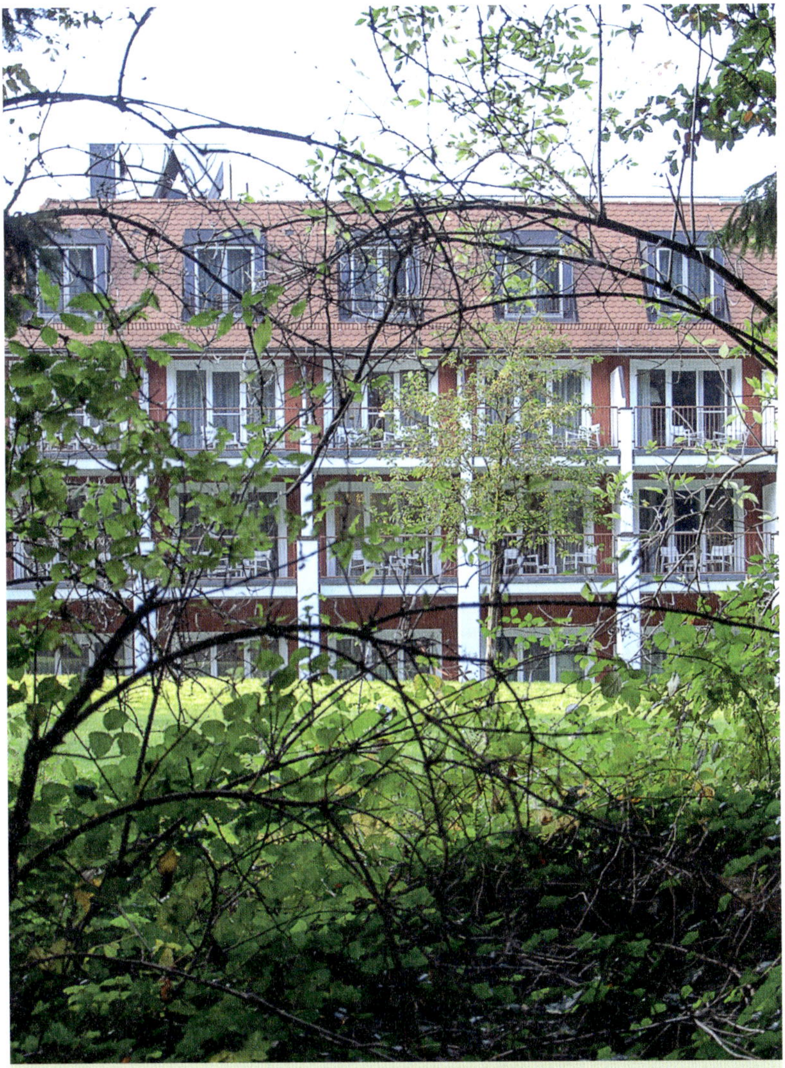

HARTE 4 FAKTEN

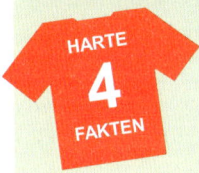

VfB Stuttgart – BFC Dynamo: 4:3

Zuschauer: 5.900

Siegtreffer: Asgeir Sigurvinsson

Gespräche unter den Spielern: keine

Zahnradbahn
„Zickezackezickezacke hoi hoi hoi"

Als der Fußball populär wurde, war im Stuttgarter Talkessel jede ebene Fläche verbaut. Ein wenig Platz gab es am Stöckach, aber der war umkämpft von Sportgruppen, die den Ballsport für sich entdeckten. Manche spielten Rugby, manche Fußball, manche eine Mischung. Andere bevorzugten Tennis. Darum zogen die Kickers gerne auf die Waldau, wo sie eine Ecke des Exerziergeländes pachten konnten. Der eigene Platz war ein Privileg. Seit 1905 ist der geborene Innenstadtklub in Degerloch zu Hause. Wie gut, dass es längst die Zahnradbahn gab.

Die Zacke ist ein Unicum, in keiner Tourismusbroschüre Stuttgarts darf sie fehlen. Sie ist eine von nur vier Zahnradbahnen, die in Deutschland in Betrieb sind und die einzige, die nicht nur aus touristischen Gründen verkehrt. 1884 schnaufte die erste Zacke nach Degerloch, von Dampf betrieben. Zwanzig Jahre später wurde auf elektrischen Betrieb umgestellt. Als der Fußball in der Zwischenkriegszeit boomte, kam auch die Bahn an ihre Grenzen. Damals fuhr sie los, wenn sie voll war – bei Fußballspielen verkehrte sie ohne Pause.

Ein Reporter der *Süddeutschen Zeitung* berichtet im Jahr 1922 vom einem Fußballtag: „Einen solchen Ansturm auf die Elektrische, ein solches Versagen der vorsintflutlichen Linie nach Degerloch haben die Stuttgarter noch nicht erlebt. Wie Trauben hingen Jünglinge und junge Frauen an den Waben. Wie Heringe quetschten sich die beleibten Schaffner durch die Masse. Drei Elektrische schoben sich an mir vorbei, ohne dass ich hineingelangen konnte, in die vierte schob ich mich gewalttätig und fand darin die Herren Höschle und Kurz, die wegen Verletzungen nicht mitspielen konnten. Unterwegs ging der elektrische Strom aus und deshalb nahmen wir den letzten Teil auf Schusters Rappen im Sturm."

Wer stilecht zum Kickerplatz pilgert, nimmt den Weg über den Marienplatz, Linie 10. An der Nägelestraße liegt der Scheitelpunkt der Strecke, dort immer den Damen und Herren mit den blauen Schals nach. Viel Vergnügen in der Elektrischen.

HARTE 4 FAKTEN

Höhendifferenz: 205 Meter

Maximale Steigung: 17,8 %

Gesamte Fahrtdauer: ungefähr 10 Minuten

Tägliche Beförderungsleistung: ca. 2.500 Personen

An der Europastraße

Das lokalste aller Lokalderbys

Irgendwie passt es ins Klischee, dass die Stadt der Dichter und Denker fußballerisch keine besonders auffällige Rolle spielt. Es muss kein schlechtes Zeichen sein, wenn der Fußball nicht die erste Geige spielt. Sportlich ist in Tübingen Basketball tonangebend, die Tigers wurden 2003 aus dem SV 03 ausgegliedert. Bei der TSG Tübingen wird erfolgreich Volleyball gespielt.

In der Heimat der schwäbischen Romantiker Uhland und Hölderlin finden allerdings auch Fußballromantiker ein lohnenswertes Reiseziel. Die alte Holztribüne im SV-03-Stadion steht wie das gesamte Areal unter Denkmalschutz, übrigens inklusive der Umzäunung.

Aus fußballhistorischer Sicht hat das Schmuckkästchen allerdings einen kleinen Schönheitsfehler. Die sportlichen Höhenflüge des SV 03 Tübingen hatten sich an anderer Stelle zugetragen: auf dem Platz an der Lindenallee, der einige hundert Meter vom heutigen Standort entfernt war. Dort verpasste Tübingen den Aufstieg in die Oberliga Süd in den Jahren 1948 und 1949 und feierte zwanzig Jahre später die Meisterschaft der Oberliga Schwarzwald-Bodensee. Im Jahr 1975 musste das Stadion an der Lindenallee einer Umgehungsstraße Platz machen. Die 03er zogen ins nahe Universitätsstadion an der Europastraße.

Mit den Holztribünen ist das so eine Sache. Diese feinen Schmuckkästchen der Fußballromantik überleben stets dort, wo keine Zuschauermassen ins Stadion drängen und kein erfolgreicher Verein darum bemüht ist, seine Sponsoren und Gönner exquisit in VIP-Räumen unterzubringen. So auch in Tübingen, wo der SV 03 mitunter vom Lokalrivalen TSG überholt wurde, der seit Mitte der siebziger Jahre des letzten Jahrhunderts auf Amateurliganiveau spielt.

Seither hat Tübingen eine weitere Besonderheit: Wenn TSG und SV 03 in einer Klasse spielen, handelt es sich um das lokalste aller Lokalderbys. Rechts und links der Freibadstraße sind die beiden Vereine so nahe beisammen, dass man mit einem wuchtigen Abschlag von einem Sportplatz ins Tor auf dem anderen Spielfeld treffen könnte.

HARTE 4 FAKTEN

Fassungsvermögen Stadion an der Lindenallee: ca. 5.000 Zuschauer

Fassungsvermögen Tribüne SV-03-Stadion: ca. 500 Zuschauer

Fassungsvermögen Paul-Horn-Arena: 3.000 Zuschauer

Entfernung zwischen den SV 03 und der TSG: rund 200 Meter

Ulm

Donaustadion
Gute Zeiten. Schlechte Zeiten.

In Ulm kann man die Story von Aufstieg und Fall kaum noch hören. Seit 1893 wird an der Donau gekickt, in den ersten Jahren auf der Gänswiese, ab 1925 im Donaustadion gleich daneben. Vor der Fusion zum SSV Ulm 46 konkurrieren in der Stadt sogar zwei große Vereine: der SSV Ulm und die TSG Ulm 46, die schon eine lange Fusionsgeschichte hinter sich hat. Viele namhafte Spieler hat der Ulmer Fußball gesehen: unter anderem Walter Vollweiler, die Brüder Hoeneß und Mario Gomez und bemerkenswert viele Torhüter, darunter Toni Turek, Wolfgang Fahrian und Loris Karius. Über all das kann man ausführlich erzählen – und trotzdem denkt man beim Ulmer Fußball zuerst an die spektakuläre Bundesligasaison 1999/2000, an den sensationellen Aufstieg und den Katzenjammer danach.

Es ist eine der spektakulärsten Wendungen des deutschen Fußballs: in einem Jahr von der Regionalliga in die Bundesliga, danach in einem Jahr von der Bundesliga in die fünftklassige Verbandsliga. Fraglos ist Ralf Rangnick der Auslöser. Niemand rechnet damit, dass sein revolutionäres Spielsystem so schnell greift. Außer Rangnick selbst. Die Mannschaft überrollt alle Gegner – und irgendwie auch den eigenen Verein.

Der Sturmlauf in die Bundesliga ist das Gegenteil von gesundem Wachstum. Der Verein ist überfordert, was sich schon im Aufstiegsjahr andeutet, als Rangnick nicht gehalten werden kann. Trotzdem ist der Bundesligaabstieg denkbar knapp. Nur zwei Tore mehr im letzten Spiel – und Ulm hätte die Liga gehalten.

Doch mit dem Abstieg beginnt eine andere Geschichte, die viel zu selten erzählt wird. Sie handelt von Torhüter Holger Betz, der beim Ulmer Komplettabsturz schon drei Spielzeiten als zweiter Torhüter hinter sich hat. Betz geht anschließend mit dem Verein durch dick, dünn und drei Insolvenzen. 2018 beendet er seine Karriere, nach einen Vierteljahrhundert zwischen den Pfosten des SSV.

Wenn man also die großen Ulmer Torhüter nennt, muss man mindestens bis vier zählen: Turek, Fahrian, Karius und Betz.

HARTE
4
FAKTEN

Rote Karten beim Spiel Rostock — Ulm (1999): 4

Zweithöchster Auswärtssieg der Bundesligageschichte:
Ulm – Leverkusen 1:9

Ulmer Punkte am 24. Spieltag der Bundesligasaison 1999/2000: 30

Ulmer Punkte am 34. Spieltag der Bundesligasaison 1999/2000: 35

Eselsberg
Eine deutsche Wurstiade

In seiner Heimat wird ihm ein eigenes Stück gewidmet. Die Macher sehen ihn als dramatische Figur, die sich für die Bühne besonders eignet. Über die Inszenierung schreiben sie: „Mit übergroßem Appetit verleibte sich der prominente Metzgersohn vom Eselsberg Siege, Titel und eine Menge Geld ein. Von der elterlichen Fleischtheke bis in den Fußball-Olymp und an die Schalthebel eines prosperierenden Sportkonzerns kämpfte sich der Ulmer empor, stets auf Tuchfühlung mit Politik und Wirtschaft und mit unvergleichlicher Chuzpe, Geschäftstüchtigkeit und Machtgespür. Doch auch nahezu unschlagbare Gewinnertypen können stürzen. Wo der Rolex-Kalle noch Glück hatte und dubiose Finanzgeschäfte des Kaisers ungeklärt blieben, musste der Uli für kleine Ungereimtheiten der Steuerabrechnung von 28,5 Millionen hinter Gitter …".

Der Pate des FC Bayern wächst am Eselsberg auf. Als Präsident kümmert er sich um diejenigen in der Bayernfamilie, die seine Arbeit wertschätzen, und er verteufelt jene, die sich gegen ihn stellen. Letzteres mit hochroter Birne und einem moralischen Imperativ, der jedem Populisten zum Vorbild taugt. In seinen besten Zeiten wird er mit sozialistischen Mehrheiten zum Bayern-Oberhaupt gewählt. Allerdings kippt die Hybris irgendwann ins Ungesunde. Der volkstümliche Fußballtribun verliert die Haftung. Seine Steuerstrafe sitzt er zwar demütig in Landsberg ab, will aber gleichzeitig nie verbergen, dass er moralisch über allen Gesetzen steht.

Die deutsche Wurstiade „Aufstieg und Fall des Uli H." kommt im Herbst 2018 auf die Bühne. Wenige Wochen zuvor geben Hoeneß und Rummenigge eine Pressekonferenz, die eine Komödie abgegeben hätte, wenn sie nicht ernst gemeint gewesen wäre. Hoeneß beleidigt einen ehemaligen Spieler, während Rummenigge die Würde des Menschen strapaziert. In bester Theatermanier offenbart die Pressekonferenz Schizophrenie und Alltag zweier Machtmenschen, die jeden Bezug zur Realität verloren haben. Das Theater Ulm freut sich. Mehr Aufmerksamkeit geht kaum.

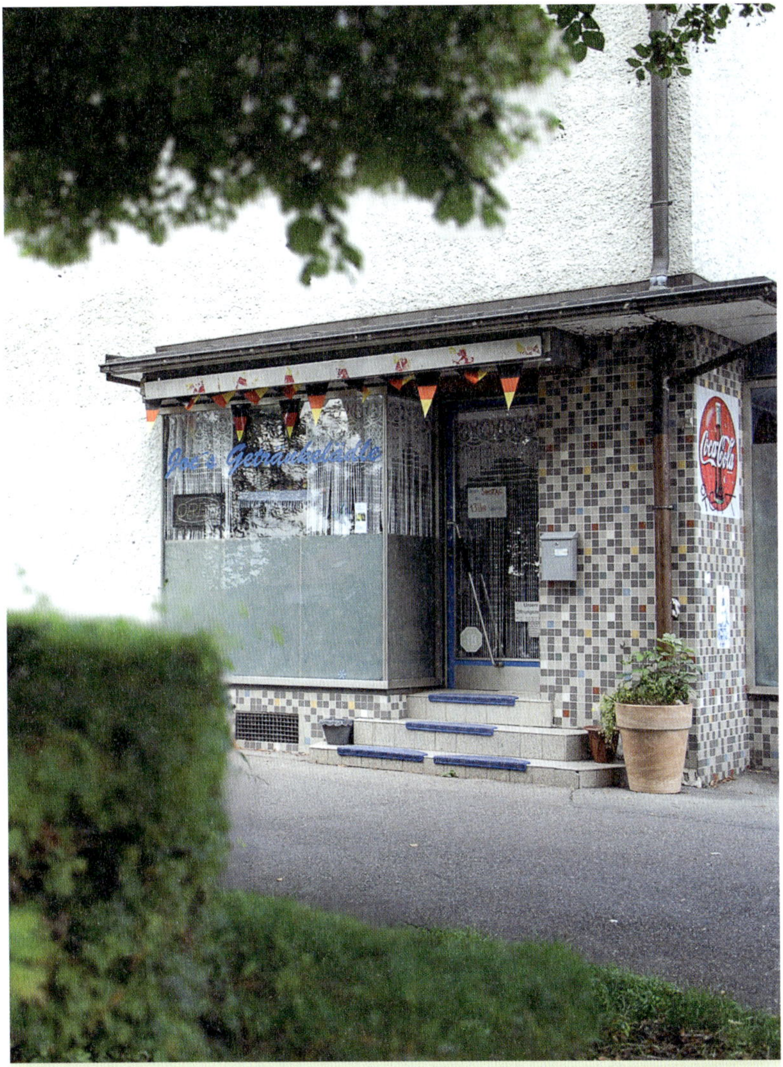

Steuerschuld laut Geständnis von Uli Hoeneß: 18,5 Mio. Euro

Steuerschuld laut Urteil: 28,5 Mio. Euro

Gefängnisstrafe laut Urteil: 3 ½ Jahre

Stimmenanteil bei der Wiederwahl nach abgesessener Strafe: 98,5 %

Unlingen

Vor der alten Mühle

Liebling des Bilderbuchdorfs

Ach, wie schön! Unlingen liegt malerisch zwischen Donau und dem Bussen, dem heiligen Berg Oberschwabens. Die ehemalige Kultstätte der Kelten ist ein beliebtes Pilgerziel. Seit 1200 thront eine Wallfahrtskirche auf dem Bergrücken. Man sagt, der Bussen schenkt jungen Paaren reichlich Kinder. Auch unten im Dorf pflegen sie ihre Heiligtümer – zum Beispiel die Pfarrkirche *Maria Immaculata* und die Klosterkapelle *Maria Heimsuchung*. Und dann gibt es noch einen Star aus Fleisch und Blut: Mario Gomez „isch a ächter Ohlinger". Das ganze Dorf ist stolz auf ihn.

Unlingen, so sagen manche, hätte nur einen Schönheitsfehler: Im Süden, vor der alten Mühle, die man kaum noch erkennt. Vor diesen Ort hat einer einen mausgrauen Bunker gestellt. Echt scheußlich sei das, sagen viele im Dorf.

Super-Mario ist der Liebling aller. Die Alten haben gesehen, wie er aufwuchs. Für die Jungen ist er ein Vorbild, für die ganz Jungen ein Fußballgott. In den sechziger Jahren kamen spanische Gastarbeiter, um in der Gärtnerei zu arbeiten. Auch José Garcia Gomez. Der hat Christa Roth geheiratet, die Tochter einer alteingesessenen Familie des Ortes.

Nicht wenige Unlinger sind mit Mario verwandt, die anderen kennen ihn und seine Familie, weil man sich auf dem Dorf eben kennt. Darum sind sie alle stolz auf ihn. Der Bürgermeister sammelt seine Autogrammkarten. Auf der Website der Gemeinde hat Gomez einen eigenen Button. Im Vereinsheim des SV hängen eine Gomez-Collage und das Trikot, in dem er sein erstes Länderspieltor schoss.

Nur eins passt nicht: Diesen komischen grauen Klotz vor der Mühle, den hat ausgerechnet der Mario gebaut. Manche fragen sich, ob das mit rechten Dingen zugegangen sei, Denkmalschutz und so. Die *kontext Wochenzeitung* hat sich beim Bürgermeister erkundigt. Er sagt: „Kein Mensch hat sich um die Mühle gekümmert, und nun kommen da welche und meckern." So ist das halt auf dem Dorf. Der Mario darf das. Schließlich „isch er joa en ächter Ohlinger." Und irgendwie heilig.

HARTE
4
FAKTEN

Deutscher Meister: 2007 mit dem VfB Stuttgart

Deutscher Meister: 2010 und 2013 mit Bayern München

Deutscher Pokalsieger: 2010 und 2013 mit Bayern München

Championsleague-Sieger: 2013 mit Bayern München

Sportplatz Unterschmeien
Schiedsrichterdörfer

Führungskräftemangel! Deutschlandweit stehen im Jahr 2018 nur noch 0,45 Schiedsrichter pro Mannschaft zur Verfügung, die am Spielbetrieb angemeldet ist. Besserung ist nicht in Sicht – im Gegenteil. Der Trend ist seit Jahren rückläufig. Auch der Württembergische Fußballverband kennt das Problem. Das Dilemma kommt nicht von ungefähr. Respekt und Wertschätzung gegenüber den Schiedsrichtern nehmen sich alle vor. Auf dem Platz hört sich's dann anders an. Es gibt attraktivere Hobbys.

Die Ausnahme: Die kleinen Dörfer Ober- und Unterschmeien, die zu Sigmaringen gehören. Beim SV Ober-/Unterschmeien gehört die Schiedsrichterei zur guten Vereinskultur. Zum Ende des Jahres 2018 stellt Schmeien elf Schiedsrichter auf 700 Einwohner. Nicht ganz unbeteiligt an der bundesweit einmaligen Quote ist Andreas Janz, der das Schiedsrichterwesen im Verein in professionelle Bahnen gelenkt hat. Im Verbandsmagazin *imspiel* betont Janz, wie viel Zeit und Aufmerksamkeit man dafür investiere. Nachwuchsschiedsrichter erhalten Rundumbetreuung. Ein interner Fahrdienst holt die Unparteiischen zu Hause ab und bringt sie wieder nach Hause. Auch während der Spiele kümmert man sich und coacht den Nachwuchs. Die Schmeiener Schiris halten auch deshalb so gut zusammen, weil sie einmal im Jahr einen Ausflug zusammen machen, wie die vereinseigene Website beim eigens eingerichteten Unterpunkt *Schiedsrichter* informiert.

Wer über das Schiedsrichterdilemma lamentiert, kann in Schmeien lernen, wie man es löst. Die Wertschätzung gegenüber dem ehrenamtlichen Engagement der Damen und Herren an der Pfeife ist der entscheidende Faktor, wenn es darum geht, die Schiedsrichterei wieder attraktiver zu machen. Beim SV Ober-/Unterschmeien hat man das verstanden.

Natürlich wäre es hilfreich, wenn Zuschauer und Verlierer die Damen und Herren in Schwarz nicht für jede Niederlage verantwortlich machen würden. Aber fehlender Respekt und mangelnde Umgangsformen sind ein anderes, gesellschaftliches Problem. Leider eines, das Fußballverbände nicht alleine lösen können.

HARTE 4 FAKTEN

Unparteiische in Württemberg (Stand 2018): 4.862

davon weiblich: 169

Unparteiische beim SV Ober-/Unterschmeien (Stand 2018): 11

davon weiblich: 2

Allgäustadion

Keine Hölle in Wangen

Unter Groundhoppern kursieren sehr spezielle Kriterien für sehenswerte Sportplätze. Nach fast allen gehört das Allgäustadion in die Top 3 der württembergischen Reiseziele. Das Stadion steht seit 1956 dort, wo es logischerweise hingehört. Nah an der Innenstadt, landschaftlich wundervoll von hohen Bäumen umringt, mit einem überwachsenen Eisenbahndamm gegen Südwesten geschützt. Die Anlage besitzt Flair. Keine Bausünde stört. Darüber hinaus handelt es sich bei Wangen um einen Traditionsstandort. Der FC führt die Jahreszahl 05, was trotz Auflösungen und Wiedergründungen in den Anfangsjahren als legitimer Verweis auf die lange Historie des Wangener Fußballs gilt.

Der FC Wangen 05 gehört zu den Größen des Allgäuer Fußballs. Als natürlicher Gegner für ein Lokalderby gilt der FV Ravensburg. Leider verbindet die beiden Standorte eine Gemeinsamkeit. Weder in Ravensburg noch in Wangen wurden die Wünsche nach dem großen Durchbruch erfüllt. Die oberste Amateurklasse gilt als höchstes der Gefühle. Logische Konsequenz: Die 05er führen die ewige Tabelle der Verbandsliga Württemberg mit weitem Abstand an.

Natürlich macht man sich auch im Allgäu seine Gedanken, wie das gute Amateurniveau gesichert werden kann, zumal man sich schon rein geografisch etwas im Abseits sieht. Manche wollen auch im Allgäustadion einen Standortnachteil erkennen. Ein Kunstrasen wird vermisst. Immer wieder müssen in den Wintern Partien wegen des durchgefrorenen Bodens abgesagt werden. Eine großzügigere Überdachung wünscht man sich. Und nicht zuletzt wäre es höchste Zeit, die sanitären Anlagen wieder instand zu setzen.

So ist es eben mit den Stadien, die den Romantikern besonders gefallen: Tradition ist eine feine Sache, aber nicht bei den Duschkabinen. FC-Ehrenpräsident Herrmann Selbherr schreibt in einem Blogbeitrag über die Stimmung bei den Heimspielen: „Die Hölle von Wangen findet leider nicht statt." Aber auch ohne Hölle bleibt das Allgäustadion ein absolut sehenswertes Reiseziel.

HARTE **4** FAKTEN

Platzierung in der Schwarzwald–Bodensee–Liga 67/68: 1. Platz

Platzierung in der Aufstiegsrunde 67/68 mit vier Teams: 4. Platz

Platzierung in der Schwarzwald–Bodensee–Liga 69/70: 2. Platz

Anschließendes Entscheidungsspiel gegen SV 03 Tübingen: 1:2

Marktplatz

Togowabohu

Wangen leuchtet in grün, gelb und rot. Im Eiscafé werden Togo-Becher serviert. Bäckereien verkaufen Togo-Brezelschnecken. Ein Kabelnetzbetreiber speist *Afrique Television* in die Fernseher. Wer als Dunkelhäutiger durch die Stadt spaziert, darf Autogramme geben, weil die Kinder sicher sind, einen Nationalspieler vor sich zu haben. Noch wenige Tage bis zur WM 2006. Das Togo-Fieber grassiert.

Fiebertreibend kommt hinzu, dass Togo die erste Mannschaft ist, die ihr WM-Quartier bezieht. Das ZDF übernimmt die Moderation auf der Bühne. Alle haben das Gefühl, die WM gehe jetzt los – und zwar mit der Eröffnungsfeier auf dem Wangener Marktplatz. An diesem Freitagabend sind 3.000 Allgäuer erschienen, viele in den Nationalfarben Togos. Weil der Flieger zu früh in Stuttgart landet, telefoniert man mit dem Busfahrer. Er möge bitte langsam fahren, damit das Timing passt. Als Oberbürgermeister Michael Lang die Gäste auf der Marktplatz-Bühne begrüßt, passt alles. Das Jugendblasorchester bläst. Die Menge ruft *Allez les Esperviers*! Sperber lautet der Spitzname der Mannschaft.

Gut vorbereitet zeigt sich die Allgäuer Combo Double Cooked Porc Slices: Die doppelt gekochten Schweinehälften spielen ein Lied in Landessprache. *Miawo-ezon-Lo-o!* Es beginnt mit dem Gruß *Herzlich willkommen, Fremder, der Du so weit gereist bist* und endet mit dem Wunsch, dass Deutschland und Togo das Finale spielen.

Wangen und Togo gehen mit Euphorie ins Turnier. Dummerweise hat Togo seine afrikanischen Verhältnisse mitgebracht. Die Spieler warten seit Januar auf Geld und drohen mit Boykott. Ihrem deutschen Trainer Otto Pfister wird es zu bunt, er reist ab. Im großen Togowabohu weiß keiner, ob Pfister noch Trainer Togos ist. Das Geld war längst im togolesischen Verband versickert. Die FIFA muss den Spielboykott abwenden. Togo scheidet in der Vorrunde aus. Aber Wangen hält weiter treu zu den Sperbern. Es gründen sich Hilfsvereine, die sich für das Land engagieren. Das Allgäu und Togo – es passt einfach zusammen.

HARTE 4 FAKTEN

Südkorea — Togo: 2:1

Togo — Schweiz: 0:2

Togo — Frankreich: 0:2

Durchschnittliches Jahreseinkommen in Togo: rund 400 Dollar

Wimsheim

Sportplatz am Mühlweg
Das meist geklickte Tor des Landes

Mehr als 20 Millionen Klicks weltweit in wenigen Wochen – bietet jemand mehr? Das Orkantor von Wimsheim geht wie ein Shitstorm um die ganze Welt. Nur ohne Shit. Die Grunbacher fluchen trotzdem. Wegen des Orkans, wegen der eigenen Unaufmerksamkeit und auch wegen des Schiedsrichters, der hätte bemerken können, dass der Treffer irregulär ist. Aber eine schöne Kiste ist es fraglos. 1:0 durch Sturm Xynthia. So haben die Meteorologen den Sturm getauft, der an diesem Sonntagnachmittag des 28. Februars 2010 über Wimsheim zieht.

Das Tor in aller Kürze: Der Grunbacher Torhüter Sollner will den Ball zum Abstoß legen. Aber der Ball ruht nicht. Der Orkan. Darum hält Sollner den Ball, während ihn Verteidiger Wiedemann unter der Hand nach vorne drischt. Kurz vor Höhe der Mittellinie wird der Ball von Jahrhundertsturm Xynthia voll erfasst und zurück geweht. Der Torhüter bemerkt es spät. Zu spät!

Der Ball titscht im Strafraum noch einmal auf, um dann wunderbar im Kreuzeck einzuschlagen. Der Schiedsrichter gibt den Treffer, obwohl kein gegnerischer Spieler mehr am Ball war. Und wenn man nicht aus Grunbach stammt, kann man der Entscheidung viel Gutes abgewinnen. So ein Sturmtor ist erst vollkommen, wenn es zählt.

Das Filmnetzwerk *Die Ligen* steht an diesem Sonntagnachmittag am Spielfeldrand und schneidet das Tor mit. Auftraggeber ist die *Pforzheimer Zeitung*. Auf deren Website wird das Sturmtor von anderen Portalen entdeckt. In wenigen Tagen geht der Treffer um den Globus. *Die Ligen* sind eine Woche lang damit beschäftigt, Anfragen aus der ganzen Welt zu bearbeiten. Eine Woche später zeigt die Sportschau das Tor. Am Jahresende werden Sollner und Wiedemann auf andere Art für das unglückliche Tor entschädigt. Sie folgen der Einladung von Günter Jauch zum großen TV-Jahresrückblick, wo sie auf einer Couch mit Thomas Müller, Lukas Podolski, Manuel Neuer, Sylvie van der Vaart und Daniela Katzenberger landen. Passiert nicht oft nach einem Spiel der Kreisklasse Pforzheim.

HARTE 4 FAKTEN

Kreisliga Pforzheim, 28.2.2010: Wimsheim – Grunbach 2:1

Schiedsrichter: Klaus Gall aus Calw

Platzierung des TSV Grunbach am Saisonende: 1. Platz

Platzierung des TSV Wimsheim am Saisonende: 3. Platz

Einer geht noch, einer geht noch rein

Dieser Ort hätte unbedingt noch reingehört?

Verzeihung. Bitte hier eintragen

Literatur-/ Quellenverzeichnis

Gelesen:
- Holger Gertz, Das Spiel ist aus, 2016, Deutsche Verlagsanstalt, München
- Werner Skrentny (Hrsg.), Das große Buch der deutschen Fußball-Stadien, 2001, Verlag Die Werkstatt, Göttingen
- Hardy Grüne, Christian Karn, Das große Buch der deutschen Fußballvereine, 2009, AGON Sportverlag, Kassel
- Bernd Sautter, Heimspiele Baden-Württemberg, 2015, Silberburg Verlag, Tübingen
- Schwabenstreiche, 1989, Verlag Kiepenheuer & Witsch, Köln
- Gefühle, wo man schwer beschreiben kann, Katalog zur Landesausstellung, Haus der Geschichte, 2010, Stuttgart
- Elmar Hugger, Fußball in Altshausen, 2009, Gmeiner Verlag, Meßkirch
- Zeitschrift imspiel des BFV und wfv
- Dietrich Schulze-Marmeling, Hubert Dahlkamp, Die Geschichte der Fußball-Weltmeisterschaften, 2006, Verlag Die Werkstatt, Göttingen
- Jürgen Buschmann (Hrsg.) Sepp Herberger und Otto Nerz, 2003, AGON Sportverlag, Kassel
- Vereinschronik FV Union 08 Böckingen (100 Jahre)
- 1. Göppinger Sportverein 1895 e.V. (Die Chronik)
- Lorenz Peiffer, Henry Wahlig, Jüdische Fußballvereine im nationalsozialistischen Deutschland, 2015, Verlag Die Werkstatt, Göttingen
- Fred Sellin, Das schmutzige Spiel, 2006, C. Bertelsmann
- Michael Lenhard, Fußballheimat München und Südbayern, 2018, Arete Verlag, Hildesheim
- heilbronnica 4, Stadtarchiv Heilbronn, 2008
- Werner Skrentny (Hrsg.) Als Morlock noch den Mondschein traf, 1993, Klartext, Essen
- Jonathan Wilson, Revolutionen auf dem Rasen, 2011, Verlag Die Werkstatt, Göttingen
- Ronny Blaschke, Gesellschaftsspielchen, Verlag Die Werkstatt, 2016, Göttingen
- Hanns Leske, Fußball in der DDR, Landeszentrale für politische Bildung Thüringen, 2010
- D'Kräz Nr. 23 und 25, Museums- und Geschichtsverein Schramberg
- Klaus Teichmann, Auf, die Blaue, 2014, Schmetterling Verlag, Stuttgart
- Gerhard Hörner, Auf Ballhöhe, 2006, Markstein Verlag, Filderstadt

- Philipp Heineken, Erinnerungen an den Cannstatter Fußball-Club, 1930, Hermann Meister, Heidelberg
- Jörg Schweigard, Stuttgart in den Roaring Twenties, 2012, G. Braun, Karlsruhe

Gesprochen:

- Claus Breitenberger
- Oliver Hannig
- Waltraut Kipf
- Martin Kaiser
- Jürgen Estler
- Klaus Schlütter
- Elmar Hugger
- Rudi Entenmann
- Christina Vollmer
- Michael Bofinger
- Herrmann Müller
- Gilbert Gress
- Helmut Roleder
- Dieter Wahl
- Günther Herz
- Reiner Schlecker
- Marcel Dussling
- Harald Zimmermann
- Carsten Gier
- Karl Allgöwer
- Bernd Breitenbach
- René Weller
- Karl-Heinz Schwarz-Pich
- Holger Sanwald
- Siegfried Schilling
- Uwe Ralf Heer

- Andreas Sigle
- Daniel Fabian
- Lars Steinle
- Pascal Gottschall
- Mike Schweikert
- Hansjürgen Jablonski
- Michael Lubszczky
- Brigitte Kuder-Bross
- Gebhardt Reusch
- Erika Bofinger
- Siegfried Schott
- Susanne Brunner
- Fabian Maier
- Matthias Kalafatis
- Ulrich Röhm
- Hagen Leopold
- Evelyn Klumpp
- Jürgen Wetzel
- Dr. Florian Gauß
- Andreas Feldmeyer
- Alexander Fangmann
- Gojko Cizmic
- Jörg Schweigard
- Markus Kleber
- Die Frau vom Veielbrunnen

Geklickt:

www.schwäbische-post.de
www.11freunde.de
www.schwäbische.de
www.ifosta.de
www.tsg1919.de
www.stuttgarter-nachrichten.de
www.stuttgarter-zeitung.de
www.tsg-fußball.de
www.schwarzwälder-bote.de
www.augias.net
www.handelsblatt.com
www.mobus-1924.de
www.tagesspiegel.de
www.welt.de
www.kicker.de
www.stimme.de
www.neckar-chronik.de
www.svglueckauf.de
www.gea.de
www.fanzeit.de
www.dfb.de
www.tebe.de
www.gäubote.de
www.bpd.de

www.fupa.de
www.faz.net
www.kunstimkreisverkehr.de
www.murrhardter-zeitung.de
www.kicker.de
www.fc-onstmettingen.de
www.fv-ravensburg.de
www.swr.de
www.schwaebische-post.de
www.süddeutsche.de
www.vfb-friedrichshafen.de
www.nrwz.de
www.swp.de
www.taz.de
www.mercedes-benz-junior-cup.de
www.vfb-stuttgart.de
www.stuttgartersc.de
www.stuttgart.de
www.spvggstuttgartost.de
www.die-siedlung-ostheim.de
www.theater-ulm.de
www.kontextwochenzeitung.de
www.pz-news.de

Matthias Hunger

Fußballheimat Franken

100 Orte der Erinnerung

216 Seiten Klappenbroschur, € 18,–
ISBN 978-3-942468-91-6

Von Alzenau bis Würzburg, von Adidas bis Puma, vom Club bis
zu den Greuthern, vom Sportplatz bis zum Grabstein: Wer oder
was ist eigentlich ein Schnüdel? Wo liegt die Grüne Au? Wieso
stand Günter Netzers Ferrari in Erlangen? Was machen Esel auf dem Fußballplatz?
Wo saß Fritz Walter auf der Trainerbank? Und was wurde aus dem einstigen Zuhause des bedeutendsten Vereins?

Fußballheimat Franken erzählt davon. Und von einem Maskottchen ohne Hose, einem
WM-Ball, der aus Nürnberg, nicht aus Herzogenaurach kam. Vom Gradmesser für
die deutsch-amerikanischen Beziehungen und von einer Grenze, die Welten trennt.
Von einem Trainer mit Medizinbällen, von den Bratwürsten eines Fußballmanagers
und von einem Ex-Weltfußballer, der in der dritten Person seinen Senf dazu gibt.

„Eine wunderbare Buchidee, großartig umgesetzt" (Zeitspiel-Magazin)

Michael Lenhard

Fußballheimat München und Südbayern

100 Orte der Erinnerung

216 Seiten Klappenbroschur, € 18,–
ISBN 978-3-942468-96-1

Von Anzing bis Zwiesel: 100 Orte in München und Südbayern,
an denen große und kleine Fußballgeschichte geschrieben
wurde. Wo findet sich der ersten Bolzplatz des FC Bayern, wo spielte in München
erstmals Rot gegen Blau und warum waren die Löwen anfangs bürgerlich? Wo haben
Basti Schweinsteiger, Philipp Lahm und Thomas Müller das Fußballspielen gelernt?
Wo liegen die Legenden des bayrischen Fußballs Helmut Haller, Willy Simetsreiter
und Rudi Brunnenmeier begraben? Wer kennt noch Eberhard Stanjek und Sammy
Drechsel? Und warum sind der SC Zwiesel und der 1. FC Kötzting ebenfalls Teil der
bayerischen Fußballheimat?

„Ein schönes Buch, welches sich mit Vergnügen lesen lässt." (Der Tödliche Pass)

„Die einzelnen Berichte sind kurzweilig zu lesen und machen das Buch zu einem
besonderen ,Lesebuch für Fußballfans'." (Bayern im Buch 2018/2)

Arete Verlag • Osterstr. 31-32 • 31134 Hildesheim • www.arete-verlag.de

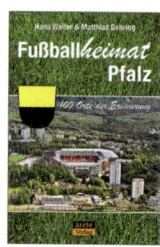

Hans Walter & Matthias Gehring

Fußballheimat Pfalz

100 Orte der Erinnerung

216 Seiten Klappenbroschur, € 18,–
ISBN 978-3-96423-014-0
Erscheint November 2019

Die Pfalz ist Fußballheimat. Es findet sich hier kaum eine Gemeinde ohne Fußballverein und Sportplatz. Voller Stolz nennen die Pfälzer die Namen großartiger Fußballspieler wie Fritz und Ottmar Walter, Horst Eckel, Werner Liebrich, Werner Kohlmeyer, Heinz Kubsch, Jürgen Kohler, Miroslav Klose, André Schürrle, Hans-Peter Briegel, Heidi Mohr und Nadine Keßler.

Hardy Grüne

Fußballheimat Niedersachsen & Bremen

100 Orte der Erinnerung

216 Seiten Klappenbroschur, € 18,–
ISBN 978-3-96423-015-7
Erscheint Frühjahr 2020

Niedersachsen und Bremen sind Fußball-Länder. Vier deutsche Meister, zahlreiche renommierte Namen und unvergessene Fußball-Orte locken die Fans zwischen Nordsee und Harz in die Stadien und auf die Plätze. Aber Niedersachsen und Bremen meint nicht nur den großen Bundesliga-Fußball von Werder Bremen, Hannover 96, Eintracht Braunschweig und VfL Wolfsburg, sondern auch Fußball in der Fläche, auf dem Dorf und vor allem Fußball mit großen Traditionen.

Marco Bertram

Fußballheimat Mecklenburg-Vorpommern

100 Orte der Erinnerung

216 Seiten Klappenbroschur, € 18,–
ISBN 978-3-96423-025-6
Erscheint Frühjahr 2020

Auch im Nordosten der Republik wird leidenschaftlich Fußball gelebt. Marco Bertram, Herausgeber und Autor von turus.net, kennt fast alle Vereine und Plätze zwischen Ludwigslust, Schwerin, Wismar, Rostock, Saßnitz, Stralsund, Greifswald, Anklam, Neubrandenburg und Neustrelitz aus eigener Anschauung und erzählt von verblichener und neuer Größe.

Arete Verlag • Osterstr. 31-32 • 31134 Hildesheim • www.arete-verlag.de